Schott
Glaslexikon

Schott
Glaslexikon

Heinz G. Pfaender,
überarbeitet und ergänzt
von wissenschaftlichen Mitarbeitern
des Bereichs Forschung und
Entwicklung der Schott Glaswerke

Die Deutsche Bibliothek – CIP-Einheitsaufnahme

Pfaender, Heinz G.:
Schott-Glaslexikon / Heinz G. Pfaender, Überarb. u. erg.
– 5. Aufl. – Landsberg am Lech:
  mvg-verl., 1997
  ISBN 3–478–05240–8
NE: Schott Glaswerke (Mainz); HST

5., überarb. Auflage 1997

© mvg-verlag im verlag moderne industrie AG, Landsberg am Lech

Satz und Lithos: Fotosatz Buck, Kumhausen
Druck- und Bindearbeiten: Kösel, Kempten
Printed in Germany 050 240 / 2971202
ISBN 3–478–05240–8

Inhaltsverzeichnis

Bildnachweis

Die Autoren danken den Schott Glaswerken, Mainz,
und folgenden Firmen für die Bereitstellung von Abbildungen:

Bavaria-Boote Hans Bösch, Bad Endorf
Flachglas AG, Gelsenkirchen
Gerresheimer Glas AG, Düsseldorf
Glaswerk Schuller GmbH, Wertheim
Osram GmbH, München
Rheinisches Landesmuseum, Trier
Sekurit Saint-Gobain Deutschland GmbH & Co. KG
Verlag Chemie GmbH, Weinheim
Wallstab, Kurt, Darmstadt

Vorwort

Glas ist heute in den vielfältigsten Formen und Anwendungen ein wichtiger Werkstoff für Industrie, Wissenschaft und unseren persönlichen Bedarf. Über den engen Kreis der Glasfachleute hinaus findet das stetig weiter entwickelte Material zunehmend Interesse und läßt Fragen entstehen. So haben wir die Anregung des Verlages gerne aufgegriffen, ein Glaslexikon zu erarbeiten, das viele Fragen beantwortet und Stichwörter rund um das Glas erläutert.

Grundlage für das vorliegende Schott-Glaslexikon waren das Vorlesungsmanuskript »Glaskunde für Designer« von Prof. Dr.-Ing. Heinz Pfaender, und die Schott-Druckschrift »Glastechnische Begriffe von A–Z«. Prof. Dr. rer. nat. Hubert Schröder hat als damaliger Leiter unserer Zentralen Forschung und Entwicklung auf dieser Basis mit seinen Mitarbeitern ein Manuskript verfaßt, das im Zusammenwirken mit dem Verlag in die jetzige Form gebracht wurde. Den Abschnitt »Gläser für den Lampenbau« stellte freundlicherweise die Firma Osram zur Verfügung. Wir danken allen Beteiligten für ihre Mitwirkung am Zustandekommen dieses Nachschlagewerks.

Das große Interesse am Schott-Glaslexikon machte sehr schnell Neuauflagen erforderlich, in der die aktuellen Entwicklungen bis Ende 1996 berücksichtigt werden konnten.

Das Schott-Glaslexikon soll Fachleuten, interessierten Laien und allen, die mit Glas arbeiten, einen Einblick in die Vielfalt dieses faszinierenden Werkstoffs geben.

Mainz, im März 1997
– Der Herausgeber –
Schott Glaswerke.

Einleitung

Glas ist der einzige von Menschenhand künstlich geschaffene Werkstoff, der seit etwa 7 Jahrtausenden ununterbrochen in Gebrauch ist. Anders als Bronze oder Eisen hat er keiner Epoche der Weltgeschichte den Namen gegeben. Aber Glas hat aus urzeitlichen Anfängen über Handwerk und Manufaktur den Weg in die industrielle Fertigung gefunden und bestimmt in hohem Maß unser tägliches Leben.

Zum anderen ist der Glassektor einer der wenigen Bereiche, in denen die Schaffung eines neuen Materials aus verschiedenen Rohstoffen mit seiner Formgebung und Verarbeitung zu Endprodukten in einem Industriezweig zusammengefaßt ist. Aus dieser Doppelrolle ergeben sich eine große Vielfalt an Fertigungsverfahren und eine Fülle von Aufgaben für die Forschung.

Schließlich ist Glas ein Material, dessen Rohstoffe praktisch unerschöpflich sind. Zu einem großen Teil besteht die Erdoberfläche aus ihnen: Sand, Kalk und Kochsalz, dem Ausgangsprodukt der Soda.

Moderne Technologie erschließt dem Glas beinahe fortlaufend neue Anwendungsgebiete.

Insbesondere in zukunftsorientierten Disziplinen deuten alle Entwicklungstrends darauf hin, daß der Werkstoff Glas und die Glastechnologie weiter eine wichtige Rolle spielen werden. Das Glasfaserkabel ist ein Beispiel für die Kommunikationstechnik, die Laseranwendung ein Beispiel für die Medizin. Dabei sind neue Glaswerkstoffe wie »glasige Metalle« und andere »Stoffe im Glaszustand« erst am Beginn ihrer technischen Karrieren.

Wenn es in den hinter uns liegenden Jahrtausenden noch keine Glaszeit gegeben hat, liegt sie vor uns, oder wir befinden uns schon darin, ohne es bemerkt zu haben.

Glas – ein rätselhafter Stoff? Das Schott-Glaslexikon enthält auf die meisten Fragen eine Antwort.

1. Geschichte des Glases

»Natürliches Glas entsteht seit jeher, wenn durch große Hitze glasbildende Gesteine schmelzen und dann rasch erstarren. Dies geschieht bei Vulkanausbrüchen, bei Blitzeinschlag in Quarzsand oder beim Aufschlagen von Meteoriten auf der Erde. In der Steinzeit benutzte der Mensch natürliches Glas vulkanischen Ursprungs, sogenannte Obsidiane und Tektite, als Schneidewerkzeug.

Niemand weiß genau, wann zum ersten Mal Glas künstlich von Menschenhand erzeugt worden ist. Älteste Funde – grünliche Glasperlen – stammen aus der Zeit um 3500 vor Christus.

Ursprungsgebiete des Glases sind die Länder des Vorderen Orients. Früheste Fundstätten liegen in Ägypten und im östlichen Mesopotamien (Irak). Unabhängig davon entstand Glas in Mykene (Griechenland), China und Nordtirol.

Die älteste Glasherstellung ist eng mit der Töpferei verbunden, die schon um 8000 vor Christus in Oberägypten ansässig war. Beim Brennen von Töpferware entstand durch zufälliges Vorhandensein kalkhaltigen Sandes in Verbindung mit Natron und durch zu starkes Beheizen der Töpferöfen Glas als farbige Glasur auf Keramiken. Erst etwa 1500 vor Christi gelang es, Glas unabhängig von keramischer Unterlage zu produzieren und zu selbständigen Gegenständen zu verformen.

Andere Vermutungen gehen dahin, Glas als ein Zufallsprodukt der Bronzeschmelze anzusehen. Tatsächlich treten Glas und Bronze kulturgeschichtlich häufig gemeinsam auf, und es gibt enge technische Beziehungen zwischen der Schmelze dieser beiden ältesten künstlichen Werkstoffe.

Glaskunst in Ägypten

Über lange Zeit war die Entwicklung von Glas vom Stand der Feuerungstechnik bestimmt. Mit Glas umzugehen war eine Kunst, die nur wenige beherrschten. Die bei der Bronzeschmelze und der Töpferei verwendeten Öfen waren zu einfach, um ein blasenfreies, leicht verformbares Glas zu erschmelzen.

Etwa um 3000 vor Christus begannen in Ägypten Glasmacher, planmäßig Schmuckstücke und kleine Gefäße herzustellen.

Ab 1500 vor Christus entwickelten ägyptische Glasmacher die Sandkerntechnik: um einen festen Sandkern oder Tonkern herum modellierten sie gläserne Salben- und Ölbehälter. An einer Stange befestigt, tauchte der Handwerker die Form in die flüssige Glasmasse ein, und es entstand das erste brauchbare Hohlglas.

Durch ständiges Drehen des Kerns in der Schmelze haftete das Glas an der Form. Mittels Wälzen auf glatter Steinplatte konnte seine Oberfläche

Abb. 1.1: Lotoskelch Thutmosis III, etwa 1500 v. Chr.

geglättet oder durch Ornamentierung der Wälzfläche auch mit Verzierungen versehen werden. Henkel oder Tragösen kamen hinzu.

Zur Glasschmelze wurden die erreichbaren Rohstoffe herangezogen. Durch Zugabe von Kupfer- oder Kobaltverbindungen entstanden Blaufärbungen. Auch Glas mit braunem Aussehen war anzutreffen. Die Tontafelbibliothek des assyrischen Königs Ashurbanipal (668–626 vor Christus) enthielt Keilschrifttexte mit Glasrezepten, von denen das älteste in etwa lautet: »Nimm 60 Teile Sand, 180 Teile Asche aus Meerespflanzen, 5 Teile Kreide – und Du erhältst Glas«. Dieser Glassatz, wie der Fachmann sagen würde, enthält alle auch heute noch verwendeten wesentlichen Rohstoffe, wenn auch in groben Mengenverhältnissen. Der niedrige Anteil an Sand läßt jedoch darauf schließen, daß

man selbst um die Mitte des letzten vorchristlichen Jahrtausends noch keine hohen Schmelztemperaturen erreichte und nur ein weiches Glas zu fertigen vermochte, das sich gerade zur Verformung für einfache Gefäße und andere Waren eignete.

Im Laufe der Jahrhunderte verbreitete sich die Kunst des Glasmachens immer mehr. Bald gab es im Niltal von Alexandria bis Luxor so viele Betriebe, daß zumindest für vorchristliche Verhältnisse von einer Glasindustrie gesprochen werden kann. Ähnlich entwickelten sich die Dinge zwischen Euphrat und Tigris im Irak, in Syrien, auf Zypern und Rhodos.

Um 1000 vor Christus schufen die Glasmacher im östlichen Mittelmeerraum und in den angrenzenden Regionen immer größere Gefäße und Schalen durch Entwicklung neuer Verfahren. So wurden beispielsweise aus verschiedenfarbigen Glasfäden gefertigte Glasstäbe in Scheiben geschnitten, in Formen gelegt und die Zwischenräume mit Glas ausgegossen. Auch einfache Guß- und Preßmethoden waren bereits bekannt. Doch waren mit der Herstellung flacher und tiefer Schalen die technischen Möglichkeiten ausgeschöpft.

Revolution der Technik: die Glasmacherpfeife

Im Raum zwischen Sidon und Babylon gelang syrischen Handwerkern wahrscheinlich um 200 vor Christus der entscheidende technische Durchbruch mit der Erfindung der Glasmacherpfeife. Dieses Werkzeug besteht aus einem 100 bis 150 cm langen Eisenrohr mit rund 1 cm lichter Weite. An einem Ende ist es zu einem Mundstück ausgebildet und mit einem wärmeisolierenden Griff versehen. Am anderen Ende findet sich eine knopfartige Erweiterung. Damit holt der Glasmacher aus der Schmelze einen Posten flüssigen Glases und bläst ihn zu einem Hohlkörper auf. Seit dieser Zeit ist die Glasmacherpfeife trotz technischen Fortschritts aus der Glasfertigung nicht mehr fortzudenken.

Das Blasen des Glases mit der Pfeife ermöglichte es, nicht nur einfache, bauchige Gefäße zu fertigen, sondern auch dünnwandige, feinere, mannigfach geformte Gläser. Durch das Einblasen in hölzerne Formen ließen sich die Produkte standardisieren und in gleichmäßigen Serien herstellen. In die Formen eingearbeitete Vertiefungen wie Rillen, Rauten oder Netze schufen Dekore auf den Oberflächen der Gläser. Zugleich bedeutete der Einsatz der Glasmacherpfeife die Vorstufe für Flachglas. Dazu wurde dann Glas zu großen zylindrischen Körpern oder birnenförmigen Gebilden aufgeblasen, anschließend aufgeschnitten und in noch warmem Zustand durch »Bügeln« geglättet.

Die gut entwickelten Handelsbeziehungen unter den Völkern des Römischen Reiches, sein Straßen- und Verkehrswesen und die auf wirtschaftlichen Fortschritt bedachte römische Verwaltung waren ideale Voraussetzungen für die schnelle Verbreitung der neuen Erfindung und damit der Glasmacherkunst. In allen Teilen des Imperiums, von Mesopotamien bis zu den britischen Inseln, von der iberischen Halbinsel bis an den Rhein kam es zur Gründung von Glashütten. Das Handwerk erlebte seine erste Blütezeit, Plinius der Ältere (23–79 nach Christus) beschrieb in seiner Enzyklopädie »Naturalis Historia« Zusammensetzung und Herstellung von Glas.

Glas in der römischen Kaiserzeit

Hundert Jahre nach der Zeitenwende gelang in Alexandria durch Beimengung von Manganoxid in Verbindung mit weiterentwickelten Öfen erstmals die Schmelze von farblosem Glas. Die Fähigkeiten, höhere Temperaturen zu erzielen und die Feuerung besser unter Kontrolle zu halten, förderten die Qualität des Glases infolge vollständigeren Zusammenschmelzens seiner Bestandteile.

Die Prunksucht der römischen Kaiser gab der Glasherstellung weiteren

Abb. 1.2: Römische Gläser

Auftrieb. Kunstvoll gearbeitete Luxusgläser mit Filigran-, Mosaik- und Schliffdekor kamen in Mode. Glas wurde zu Schmuck verarbeitet und zu Edelsteinimitationen benutzt. Die antike Glasmalerei stand in hoher Blüte.

Die römischen Glashütten siedelten sich vor allem in der Nähe geeigneter Sandvorkommen an. Alexandrinische Gastarbeiter spielten eine wichtige Rolle. Die Soda wurde bis ins Mittelalter aus Ägypten und Syrien herbeigeschafft. Glashütten gab es in größerer Zahl in der Campania, aber auch in der Großstadt Rom selbst. Römische Glashüttenbesitzer kennzeichneten ihre Produkte schon im ersten Jahrhundert nach Christus mit ihrem Firmensymbol und verkauften sie in alle Teile des Reiches. Über die Seidenstraße wurden römische Glasspezialitäten bis nach China geliefert, obwohl es dort bereits lange Glas aus eigener Entwicklung gab.

Abb. 1.3: Diatretglas, 4. Jh.

Vom Luxusgut zum Gebrauchsgegenstand

In den syrischen Zentren Sidon und Tyros, im ägyptischen Alexandria, im oströmischen Byzanz, im oberitalienischen Aquileia, in den nordfranzösischen Städten Amiens und Boulogne, im germanischen Köln und Trier produzierten zahlreiche Hütten. Lange Zeit dienten polierte Kupfer- oder Silberscheiben als Spiegel. Dann schufen die Phönizier kleine Glasspiegel mit Zinnunterlagen. Da das verwendete Flachglas keine plane Oberfläche aufwies, wurden die Metallscheiben noch für Jahrhunderte nicht vom Glasspiegel verdrängt. Erst im 13. Jahrhundert gelang es in Deutschland, die Rückseite eines Flachglases mit einer Metallegierung auf Bleiantimonbasis zu überziehen. Zwar wurde diese Erfindung von der späteren Glashochburg Venedig vervollständigt, doch blieben die Spiegelformate bescheiden.

Erst das 1688 in Frankreich unter König Ludwig XIV. erfundene Plattengießverfahren machte es möglich, großflächige Spiegel zu schaffen. Dazu wurde die Glasmasse durch Walzen auf einen Gießtisch plaziert, und nach dem Erkalten schliff und polierte man die Oberflächen glatt und eben. So entstand Spiegelglas, nämlich Flachglas höchster Qualität, das durch Belegung mit niedrigschmelzendem Metall zum Spiegel wurde.

Die Fenster der Häuser mit durchsichtigem Material zu versehen ist ein alter, lange Zeit gar nicht oder nur unvollkommen erfüllter Wunsch gewe-

Abb. 1.4: Krautstrunk, 15. bis 16. Jh.

sen. Im Altertum mußten Pergament oder geölte Leinwand für die kleinen Fensteröffnungen genügen. Verglaste Fenster bedeuteten bis weit ins Mittelalter großen Luxus.

Fensterscheiben wurden jahrhundertelang mit der Glasmacherpfeife geblasen, aufgeschnitten und flachgewalzt. Die Abmessungen blieben gering, weil der Glasmacher nur eine begrenzte Menge von Glas bewältigen konnte. Im 14. Jahrhundert entsteht in Frankreich die Butzenscheibe. Ihr Name leitet sich von der nabelartigen Ausbuchtung in der Mitte, der Butze, her. Dazu blies der Glasmacher eine Kugel, die gegenüber dem Pfeifenansatz geöffnet und auseinandergebogen bzw. geschleudert wurde. Die fertigen Scheiben mit einem Durchmesser bis zu 15 cm wurden durch Bleistege miteinander verbunden und zu Fenstern vervollständigt.

Zu den ältesten Gebäuden mit Glasfenstern zählen in Deutschland das Kloster Tegernsee aus dem 10. Jahrhundert und der hundert Jahre jüngere Dom zu Augsburg mit den fünf Prophetenfenstern.

Mit dem 15. Jahrhundert beginnt die hohe Zeit der Glasmalerei. Kirchen, Paläste, Rat-, Zunft-, Wirts- und Privathäuser erhielten Glasfenster, die mit historischen Darstellungen oder Wappen bemalt waren. Die Verbreitung der Glasmalerei war vermutlich eine unmittelbare Folge des gotischen Baustils mit seinen hohen Fenstern. Das Bemalen der Glasflächen dämpfte das sonst im Übermaß hereinflutende Licht. Brillengläser wurden erstmals um 1250, einfache Mikroskope und Fernrohre um 1600 hergestellt.

Die Rolle Venedigs

Im Mittelalter entwickelte sich die alte Handelsmetropole Venedig nach und nach zum Mittelpunkt abendländischer Glasmacherkunst. Zeitweilig sollen bis zu 8000 Menschen in den venezianischen Glashütten beschäftigt gewesen sein.

Venedigs Kaufleute beherrschten den Handel im Mittelmeerraum. Vom 15. bis zum 17. Jahrhundert erreichte die Glasmacherkunst dort ihren Höhepunkt, und zwar sowohl in der Glasherstellung im Hüttenbetrieb als auch bei der Veredelung.

Die Glaskünstler Venedigs nahmen manche Anregungen aus dem islamischen Kulturkreis in ihre Arbeiten auf. Syrische Emailmalerei entwickelten sie weiter. Der Gipfel venezianischer Glasmacherkunst war die

Abb. 1.5: Goldrubinflasche, wohl Potsdam, spätes 17. Jh.

Eifersüchtig wachte Venedig über die Geheimhaltung der Glasrezepte, vor allen Dingen des geschätzten Kristallglases. Zeitweilig waren die auf Murano angesiedelten Glasmacher bei Weitergabe der Herstellungsverfahren mit dem Tode bedroht. Das Ansehen der Meister war hoch. Nicht selten erlebten sie die Erhebung in den Adelsstand.

Glas in Deutschland

Sieht man von den Glashütten in Deutschland ab, die im Gefolge der Römer entstanden, sich über eine gewisse Zeit hielten und dann verschwanden, beginnt die Geschichte der deutschen Glasproduktion im engeren Sinne im Mittelalter. Venezianische Glasmacher gründeten Glashütten und arbeiteten auch darin. Sie stellten Gläser im venezianischen Stil her.

Schaffung reinsten Kristallglases, das sich durch unnachahmlichen Glanz und absolute Farblosigkeit auszeichnete. Reiner Quarzsand und aus Meerespflanzen gewonnene Pottasche waren die Voraussetzungen dafür. Charakteristisch für den Höhepunkt venezianischer Glasfertigung sind Pokale mit Hohlstielen und Fußschalen mit Reliefs des Markuslöwenkopfes. Im 17. Jahrhundert zeigen bizarre Flügelgläser und Durchbrucharbeiten bereits den Verfall der Glaskunst der Renaissance an. Die Schliffe und Verzierungen sind zwar Ausdruck einer Technik in höchster Vollendung, wirken aber übertrieben und üppig. Glasmacher in Nordeuropa, vor allem in den Niederlanden und Deutschland, nehmen die Tradition Venedigs auf und leiten zu gemäßigterer Formgebung über.

Abb. 1.6: Modell eines Glasschmelzofens nach Georg Agricola (1556)

Deutsche Glasmacher ließen sich in den verkehrsfernen Waldgebieten der Mittelgebirge nieder. Im Spessart, Thüringer Wald, Solling, Schwarzwald, Bayerischen Wald, Fichtelgebirge, Böhmerwald, Erzgebirge, Riesen- und Isergebirge wurde in wachsendem Umfang Glas erzeugt. Erschmolzen wurde zunächst ein grünliches, nicht entfärbtes Glas auf der Grundlage von Sand und Pottasche. Für die Gewinnung von Pottasche (Kaliumcarbonat) eignete sich am besten Buchen- und Eichenholz. Die Stämme wurden in großen Feuern verbrannt und die Asche in Gefäßen, den »Pötten«, ausgelaugt. Außerdem dienten die Wälder als Brennmaterial für die Glasöfen. Das fertige Produkt nannte man Waldglas. Daraus entstanden die meisten mittelalterlichen deutschen und böhmischen Gläser vor Einführung des Kristallglases.

Waren die umliegenden Waldungen abgeholzt, wurde die Hütte – meist nur ein schnell errichteter Holzschuppen für die Öfen und zur Aufnahme der fertigen Gläser – verlegt. Erst im 17. und 18. Jahrhundert wurden die Wanderglashütten seßhaft.

Ein treffendes Beispiel für mittelalterliche deutsche Glasproduktion ist der Bayerische Wald. Interessant ist seine Glasgeschichte vor allem deshalb, weil hier bis heute die Glaserzeugung der dominierende Wirtschaftszweig geblieben ist und die Entwicklung in anderen deutschen Landschaften mit Glasproduktion ähnlich verlief.

Vom Jugendstil zum modernen Glasdesign

An der Wende zu unserem Jahrhundert entstanden im Jugendstil nicht nur in Europa, sondern auch in den USA neuartige Glasformen und -dekorationen. Neben anderen Künstlern entwarfen in Frankreich Emile Gallé (1846–1904), in Amerika Louis Comfort Tiffany (1848 bis 1933), in Österreich Josef Hoffmann (1870–1956), in Deutschland Josef Maria Olbrich (1867–1908) und Karl Koepping (1848–1914) Jugendstilgläser.

Der Einfluß des Bauhauses (1919–1933) strahlte auch auf das Glas aus. So entwarf der Leiter der Bauhaustöpferei Gerhard Marcks (1889–1981) die Urform der »Sintrax Kaffeemaschine« für das Jenaer Glaswerk Schott & Gen. Der Bauhausschüler und -lehrer Wilhelm Wagenfeld (1900–1990) schuf seit 1929 zahlreiche vorbildliche Gläser für verschiedene deutsche Glashütten, darunter auch das bekannte Jenaer Teegeschirr. Heinz Löffelhardt (1901–1979) war neben Wagenfeld einer der bedeutendsten Glasentwerfer in Deutschland und besonders für Schott-Zwiesel tätig.

Auf dem Wege zur Glastechnologie

Die gesamte Glasgeschichte ist von dem Bemühen einzelner geprägt, Fertigungsverfahren und Produkt zu vervollkommnen und weiterzuentwickeln.

1676 entwickelten englische Glasmacher Bleikristall. Durch Zusatz von

Bleioxid erhielt man ein Glas von hoher Brillanz und reinem Klang. Es eignet sich für reichen Schliff. Auf dem Kontinent setzte es sich erst hundert Jahre später durch. Sehr reines Bleikristall diente als Flintglas optischen Zwecken.

1679 faßte Johann Kunckel (1630–1703), Leiter der von Friedrich Wilhelm von Preußen, dem Großen Kurfürsten, bei Potsdam errichteten Glashütte, Überlieferungen und eigene Erfahrungen in seinem Handbuch »Ars vitraria experimentalis« zusammen, das bis ins 19. Jahrhundert als wissenschaftliche Grundlage deutscher Glasmacherkunst anerkannt blieb.

Joseph Fraunhofer, Sohn eines Münchener Glasmeisters und selbst gelernter Spiegelmacher, vertiefte sich in die Technologie des Glases. In Benediktbeuern begründete er die erste wissenschaftlich geführte optische Werkstätte zum Erschmelzen, Bearbeiten und Prüfen optischer Gläser, entwickelte Verfahren zum Berechnen von Linsen für Fernrohre und Mikroskope und erschloß neue Wege beim Bau optischer Instrumente.

Vermehrte Förderung von Stein- und Braunkohle und der Aufbau der Sodaindustrie machten die Glashütten vom Holzeinschlag unabhängig. Die Standorte der Glashütten waren nicht mehr länger an das waldreiche Mittelgebirge gebunden, sondern konnten in verkehrsmäßig erschlossenen Gebieten seßhaft werden.

Der seit Urzeiten benutzte Hafenofen, in dem die Glasrohstoffe in einzelnen keramischen Gefäßen, den Häfen, geschmolzen wurden, reichte für die Massenerzeugung nicht aus. Die Erfindung des Wannenofens durch Friedrich Siemens ermöglichte die kontinuierliche Fertigung und den Einsatz von Maschinen. Die Ofentechnik wurde durch das Regenerationsverfahren von Grund auf verbessert, bei dem die Abluftwärme des Schmelzofens das Heizgas und die Frischluft vor der Verbrennung erhitzt, so daß der Brennstoff besser genutzt und höhere Schmelztemperaturen erzielt werden können. Heutige Wannenöfen können Fassungsvermögen von mehreren hundert Tonnen haben.

Kurz vor 1900 erfand der Amerikaner Michael Owens (1859–1923) die automatische Flaschenblasmaschine, die nach der Jahrhundertwende auch in Europa eingeführt wurde. Etwas später waren Verfahren zur maschinellen Herstellung von Flachglas verfügbar, ohne die der rasch gewachsene Bedarf an Bauglas nicht hätte gedeckt werden können. Für den 1851 von Paxton in London zur Weltausstellung erbauten »Kristallpalast« wurden 300 000 genormte Glasscheiben als Wandelemente verbaut.

Otto Schott – Begründer der neuzeitlichen Glastechnik

Das Fundament für die moderne Glastechnologie legten zwei deutsche Wissenschaftler. Otto Schott (1851–1935), aus einer lothringischen Glasmacherfamilie stammend, Chemiker und Glastechniker, ging der Abhängigkeit der physikalischen Eigen-

Abb. 1.7: Otto Schott

Abb. 1.8: Ernst Abbe

schaften des Glases von seiner Zusammensetzung mit wissenschaftlichen Methoden nach. Im väterlichen Kellerlaboratorium untersuchte er den Einfluß fast aller Elemente auf die Glasschmelze. Glas wurde sozusagen ein zweites Mal erfunden.

1879 trat Otto Schott mit Ernst Abbe (1840–1905), Professor in Jena und Mitinhaber der Firma Carl Zeiss, in Verbindung. Abbe brauchte für seine hochwertigen optischen Instrumente geeignete Gläser. Sie sollten hinsichtlich Fehlerfreiheit und Reinheit höchsten Anforderungen gerecht werden und gleichbleibende, vorherbestimmbare optische Eigenschaften aufweisen. Die bis dahin verwendeten Objektive litten unter dem sogenannten sekundären Spektrum.

Otto Schott gelang nach jahrelangen, zunächst enttäuschend verlaufenen Versuchen mit der 93. Schmelzprobe ein optisches Glas von idealer Beschaffenheit und schaffte damit den Durchbruch bei der Entwicklung neuer optischer Gläser. Er siedelte nach Jena über und gründete 1884 zusammen mit Ernst Abbe, Carl Zeiss und dessen Sohn Roderich das Glastechnische Laboratorium Schott und Genossen, das spätere Jenaer Glaswerk Schott & Gen. Jetzt konnte sich der nur wenig über dreißig Jahre alte Chemiker ganz auf die Glasforschung konzentrieren.

Eines der ersten neuen Produkte war ein lithiumhaltiges Thermometerglas, das sich unter Wärmeeinwirkung selbst kaum ausdehnte und die Meßgenauigkeit nicht beeinflußte. Weitere neuartige Glasarten und Schmelzverfahren wurden ausgedacht und erprobt: Gegen Hitze, Druck und che-

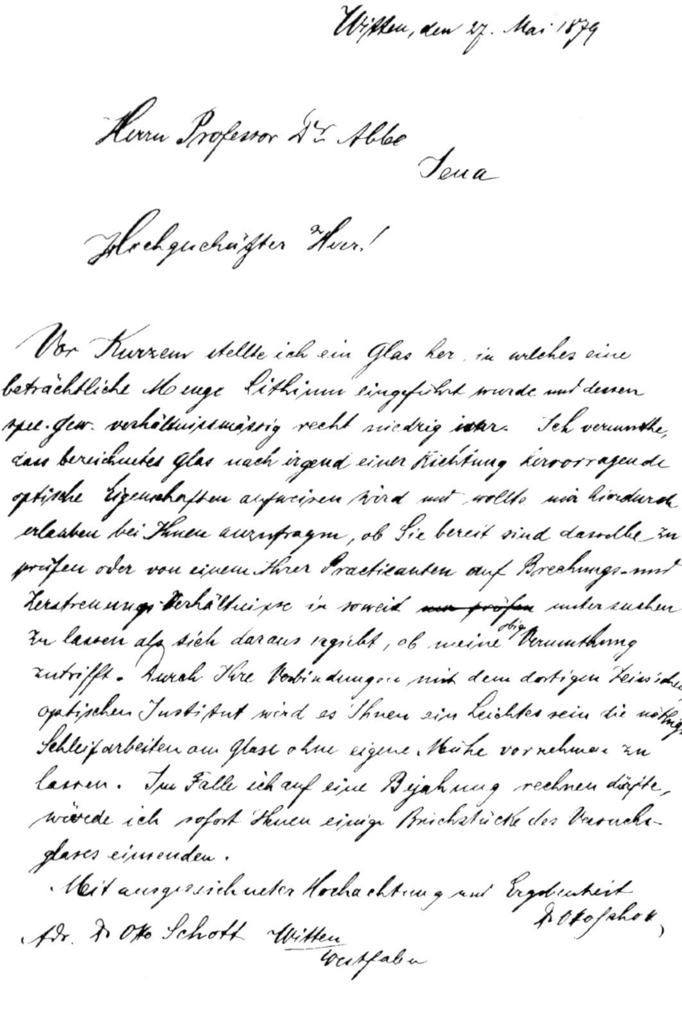

[handwritten letter in old German cursive script]

Abb. 1.9: Erster Brief von Otto Schott an Ernst Abbe vom 27. Mai 1879

mische Angriffe widerstandsfähige technische Gläser (Borosilicatgläser), optische Gläser für Mikroskope und Fernrohre in kleinen und großen Abmessungen, Gläser für lichtstarke Fotoobjektive. Im Laufe der Jahre gab es kaum noch ein Gebiet der Industrie, das nicht mit Qualitätsgläsern aus Jena versorgt wurde. Hitzebeständiges Glas zum Kochen und Backen zog in die privaten Haushalte ein und machte »Jenaer Glas« international bekannt.

Schnell war das Glaswerk zu Weltruhm gelangt. Bald zeigte sich, daß die Männer an seiner Spitze auch sozial dachten. »Ich gedenke nicht als Industriemillionär zu sterben!«, erklärte Abbe. Er übertrug sein Vermögen auf die von ihm gegründete Carl-Zeiss-Stiftung, in die später auch Otto Schott seine Anteile einbrachte. Die Mitarbeiter sollten sichere Arbeitsplätze haben, wurden am Gewinn des Unternehmens beteiligt und waren mit ihren Familien für den Fall von Krankheit, Invalidität und Tod versorgt. Die Universität Jena wurde finanziell gefördert. Schon 1900 führte die Stiftung den Acht-Stunden-Tag ein.

Kurz nach Kriegsende 1945 überführte die amerikanische Armee Spezialisten von Zeiss und Schott nach Westdeutschland. In Mainz entstand 1952 der heutige Stammsitz der Schott-Gruppe, die Schott Glaswerke. Die Stiftung verlegte ihren Sitz nach Heidenheim/Brenz. Die Schott-Gruppe ist in Europa führend in der Entwicklung, Herstellung und im Vertrieb von Spezialgläsern. Auf einigen Gebieten, so zum Beispiel bei optischem Glas, behauptet Schott weltweit eine Führungsposition. Die Unternehmensgruppe fertigt mit weltweit 18 000 Mitarbeitern mehr als 50 000 Artikel und hat Produktionsstätten, Vertriebsgesellschaften und Vertretungen in rund 100 Ländern. Hauptabnehmer sind Elektrotechnik und Elektronik, Optik und Feinmechanik, Chemie und Pharmazie, Nachrichten- und Verkehrstechnik, Hausgeräteindustrie und Haushalt und Bauwesen.

Glas in der ganzen Welt

Glas in einfacher Form läßt sich heute praktisch überall auf der Welt produzieren. Seine wichtigsten Rohstoffe und Heizenergie sind nahezu immer vorhanden, und die erforderliche Technologie steht weltweit zur Verfügung. Es gibt kaum ein Kulturland ohne Glasproduktion auf der Erde. Glas zur Verpackung von Lebensmitteln und Getränken und als Gebrauchsgegenstand im Haushalt ist nicht selten auch der Beginn der Industrialisierung der Entwicklungsländer.

So treten immer mehr Völker in die viele tausend Jahre alte Glasgeschichte ein. Nichts deutet darauf hin, daß diese Entwicklung abreißt, denn Glas kann sich auf reiche Rohstoffreserven stützen und steht im Begriff, andere, knapper gewordene Materialien zu ersetzen.

2. Werkstoff Glas

2.1 Was ist Glas?

Glas ist, als Material betrachtet, Sammelbegriff für eine kaum überschaubare Zahl von Stoffen verschiedenster Zusammensetzung, die sich in glasigem Zustand befinden. Auch in der Natur werden vereinzelt glasige Stoffe gefunden. So ist z. B. Obsidian ein Mineral, das in seiner Zusammensetzung dem von Menschen geschaffenen Glas ähnlich ist und nicht selten in vulkanischen Gebieten vorkommt. Es besteht aus den Reaktionsprodukten von Sand, Natrium- und Calcium-Verbindungen und wurde in der Vorzeit zu Messern, Pfeilen und Speerspitzen und anderen Waffen verarbeitet. Natürliches Glas in Gestalt von Obsidian benutzten vor allem die Völker im östlichen Mittelmeerraum. Lange war er dort ein begehrtes Handelsobjekt. Aber auch die Azteken in Mexiko kannten Obsidian und fertigten daraus Kult- und Gebrauchsgegenstände.

Bei großen Meteoriteneinschlägen wurde durch die freiwerdende Energie Erdgestein in schmelzflüssigem Zustand in die Atmosphäre hochgeschleudert. Als Glasklümpchen, sogenannte ›Tektite‹, fiel das Gestein auf die Erde zurück. Tektite sind flaschengrüne bis schwarzbraune nuß- bis faustgroße Glaskörper mit glänzender oder genarbter Oberfläche.

Schlägt der Blitz in Sand ein, können Blitzröhren (Fulgurite) entstehen, die ca. 0,5–2 mm Wandstärke, Durchmesser von ca. 10–30 mm und Längen bis zu mehreren Metern aufweisen.

Die Fähigkeit zur Glasbildung besitzen verschiedene chemische Stoffe, sogenannte Glasbildner, da sie Netzwerkstrukturen bilden. Das sind unter den anorganischen hauptsächlich die Sauerstoffverbindungen (Oxide) von Silicium (Si), Bor (B), Germanium (Ge), Phospor (P) und Arsen (As). Läßt man sie nach dem Schmelzen erkalten, so erstarren sie im wesentlichen ohne Kristallisation. Es entsteht Glas.

Dieses Verhalten zeigen die genannten Glasbildner auch bei Zumischung anderer Metallverbindungen innerhalb bestimmter vom System abhängiger Zusammensetzungsbereiche. Durch den Einbau solcher »glaswandelnder« Komponenten entstehen veränderte Bindungsverhältnisse und Gruppierungen in der Netzwerkstruktur, die entsprechende Änderungen der physikalischen und chemischen Eigenschaften der Gläser zur Folge haben. Der glasige Zustand ist jedoch nicht auf Oxide beschränkt; er entsteht bei rascher Abkühlung auch bei einigen Schwefel-, Fluor- und Selen-Verbindungen und unter extremen Bedingungen selbst bei gewissen oxidfreien Metallegierungen. Auch manche organische Flüssigkeiten können bei niedrigen Temperaturen in den Glaszustand übergehen (z. B. Glyzerin bei -90 °C).

Bis ins 18. Jahrhundert verwendete man für die Glaserzeugung im Prinzip nur Sand, Soda, Pottasche und Kalk. Gelegentlich wurden auch Stoffe mit färbenden Metalloxiden beigemischt. Heute wird etwa die Hälfte der rund 90 auf der Erde vorkommenden Elemente bei der Herstellung von Glas eingesetzt. Es gibt Glasarten, beispielsweise für optische Zwecke, für die nahezu zwanzig verschiedene Stoffe erforderlich sind. Wenn es die Anforderungen erlauben, versucht man allerdings, mit einer Auswahl aus ca. acht preiswerten Oxiden auszukommen. Die Anwendungsmöglichkeiten von Glas in Technik und Wissenschaft sind dementsprechend weit gefächert.

Auf die Frage »Was ist Glas?« haben die Wissenschaftler mehrere Antworten. Eine der bekanntesten lautet: »Glas ist ein anorganisches Schmelzprodukt, das ohne Kristallisation abgekühlt, einen erstarrten Zustand annimmt.« Oder: »Eine eingefrorene unterkühlte Flüssigkeit wird als Glas bezeichnet.«

Präziser ist schließlich folgende Definition: »Als Glas bezeichnet man alle Stoffe, die strukturmäßig einer Flüssigkeit ähneln, bei Umgebungstemperaturen aber auf Krafteinwirkungen rein elastisch reagieren und daher als fester Körper anzusprechen sind. Im engeren Sinne wird der Begriff ›Glas‹ für alle anorganischen Verbindungen angewendet, die diese Grundeigenschaften besitzen.« Damit ist zugleich eine Abgrenzung gegenüber den Kunststoffen erfolgt, die teilweise auch glasähnliches Verhalten zeigen.

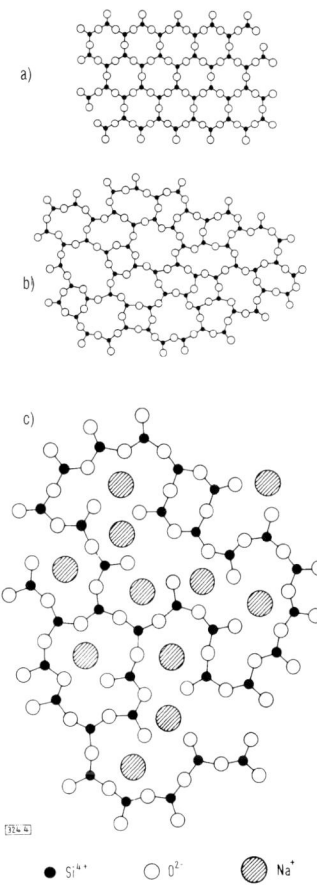

● Si^{4+} ○ O^{2-} ◒ Na^+

Abb. 2.1: Netzwerk von SiO_4-Tetraedern a) im Kristall; b) im Kieselglas; c) im Natriumsilicatglas (zweidimensionale Darstellung, 4. Sauerstoff-Ecke der Tetraeder ist senkrecht zur Bildebene zu denken)

25

2.2 Allgemeine Charakteristik des Glaszustands

Physikalisch betrachtet sind alle Gläser gegenüber einem Kristall gleicher Zusammensetzung thermodynamisch instabil. Grundsätzlich sollte bei der Abkühlung einer Schmelze unter ihren Schmelzpunkt T_s Kristallisation einsetzen. Daß diese bei Glasschmelzen ausbleibt, liegt im wesentlichen daran, daß die molekularen Bausteine (im Silicatglas SiO_4-Tetraeder, Abb. 2.1) räumlich untereinander vernetzt sind; um Kristalle zu bilden, müßten erst Bindungen aufgebrochen werden, damit sich Kristalle durch Umlagerung einzelner Bausteine bilden können. Dieser Umlagerungsprozeß ist so langsam, und wird mit abnehmender Temperatur immer langsamer, daß die Bildung und das Wachstum von Kristallen unterbleiben. Die Neigung zur Kristallisation (der

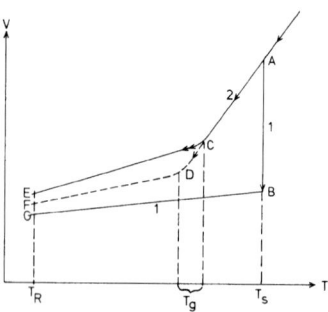

Abb. 2.2: Volumenänderung einer Schmelze im Verlauf der Abkühlung (1) bei Kristallisation, (2) bei Glasbildung

Glasfachmann spricht von »Entglasung«) nimmt im allgemeinen mit der Abkühlgeschwindigkeit im kritischen Temperaturbereich unterhalb T_s und mit der Zahl der Stoffkomponenten ab; sie läßt sich daher auch durch die Zusammensetzung beeinflussen. Erwünscht ist die Entglasung nur bei den Glaskeramiken (s. 6.9).

Der Unterschied zwischen dem Verhalten einer Schmelze, die bei Unterschreitung des Schmelzpunktes kristallisiert (1), bzw. durch Behinderung der Kristallisation, z.B. durch rasche Abkühlung, glasig erstarrt (2), wird besonders deutlich, wenn man den Verlauf des Raumbedarfs, d.h. des auf 1 Gramm bezogenen Volumens, mit sinkender Temperatur verfolgt. Das Ergebnis zeigt schematisch Abb. 2.2; nach rechts ist die Temperatur (T), nach oben das Volumen (V) aufgetragen. Sobald die Temperatur auf den Schmelzpunkt T_s abgesunken ist, kristallisiert die Schmelze im Fall 1 aus, und das Volumen macht einen Sprung von A nach B. Im Fall 2 verdichtet sich dagegen die unterkühlte Schmelze weiter bis zum Punkt C, und wenn die Abkühlung hier genügend langsam erfolgt, bis D. Hier biegt die V-Kurve zu einem flachen Abfall nach E bzw. F ab, bleibt aber stets oberflächlich der V-Linie B–G von 1; die glasig erstarrte Schmelze erreicht also auch bei Raumtemperatur (T_R) nicht die Packungsdichte der auskristallisierten Schmelze.

Im Temperaturbereich der Punkte C bis D, der als Einfrier-, Glasübergangs- oder Transformationsbereich T_g bezeichnet wird, geht die unterkühlte Glasschmelze vom viskosen in den elastischen Zustand über. Die Beweglichkeit der Strukturelemente ist hier nur noch äußerst gering, was auch durch die hohe Zähigkeit (= »Viskosität«) des Glases in diesem Temperaturbereich zum Ausdruck kommt (man kann ihre Größe z.B. aus der Geschwindigkeit bestimmen, mit der sich ein an den Enden aufliegender waagerechter Glasstab unter einer in der Mitte angelegten Last durchbiegt). Dabei zeigt sich, daß nicht nur sämtliche anorganischen Gläser, sondern alle Substanzen, die das in Abb. 2.2 dargestellte Verhalten 2 aufweisen, im Temperaturbereich T_g Zähigkeitswerte η um 10^{13} dPas haben. Zum Vergleich: Bei 20 °C hat Wasser eine Zähigkeit von 0,01 dPas, Olivenöl ca. 10^2 dPas, Honig ca. 10^4 dPas.

Der Verlauf der Zähigkeit des Glases mit der Temperatur (Abb. 2.3) ist für die gesamte Glastechnik von grundlegender Bedeutung. Um eine homogene Schmelze zu erzielen, muß sie auf eine Temperatur gebracht werden, bei der $\eta \approx 10^2$ dPas ist. Die Heißverarbeitung wird je nach Verfahren bei 10^3 bis 10^8 dPas vorgenommen. Ist der Temperaturunterschied zwischen den Zähigkeitswerten 10^4 und 10^8 dPas groß, spricht man von einem »langen Glas«, ist er klein, von einem »kurzen Glas«. Für die Verarbeitung sind diese Unterschiede wegen der verfügbaren Verformungszeit sehr wichtig.

Um das Viskositätsverhalten der verschiedenen Glasarten zu kennzeichnen, hat man einige »Fixpunkte« festgelegt, welche die Temperaturen für die Zähigkeitswerte in untenstehender Tabelle angeben.

Als Beispiel sind die Fixpunkt-Temperaturen für Flachglas in Tab. 4.1 zusammengestellt, von einigen technischen Gläsern in den Tabellen 6.1 und 6.3.

Zwischen der oberen und unteren Kühltemperatur vollzieht sich der schon erwähnte Übergang vom viskosen zum elastischen Zustand, gleichzeitig werden mechanische Spannungen, die etwa durch zu rasche Abkühlung bei der Verarbeitung entstanden sind, wieder abgebaut. Dazu genügen bei 10^{13} dPas schon ca. 15 Minuten, bei $10^{14,5}$ dPas dauert der

Tab. 2.1: Fixpunkttemperaturen für die Zähigkeitswerte von Gläsern

10^4	dPas:	Verarbeitungs-Temperatur (V_A)
		(engl. Bezeichnung: working point)
$10^{7,6}$	dPas:	Erweichungs-Temperatur (E_W)
		(engl. Bezeichnung: softening point)
		(das Glas verformt sich durch sein Eigengewicht)
10^{13}	dPas:	Obere Kühltemperatur (annealing point)
$10^{14,5}$	dPas:	Untere Kühltemperatur (strain point)

$\left.\begin{array}{c} \\ \end{array}\right\}$ im T_g-Bereich

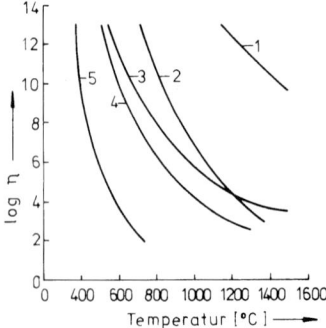

Abb. 2.3: Temperaturabhängigkeit der Viskosität (η) einiger technischer Gläser. 1: Kieselglas, 2: Alumo-Silicatglas 8409 (Tab. 6.3), 3: Borosilicatglas 3.3 (Tab. 6.1), 4: Kalknatronglas (Tab. 4.1), 5: Bleiborat-Lotglas

Spannungsabbau u. U. viele Stunden. Spannungen im Glas sind durch die optische Doppelbrechung, die sie bewirken, detektierbar und in ihrer Stärke meßbar.

2.3 Grobeinteilung der Glasarten

Es gibt eine große Anzahl von Glasarten, die sich nach verschiedenen Gesichtspunkten einteilen lassen. Unterscheidungsmerkmale sind beispielsweise die chemische Zusammensetzung, die Produktion von Glaserzeugnissen oder ihr Verhalten bei der Verarbeitung.

Am meisten verbreitet ist die Einteilung nach der chemischen Zusammensetzung. Auf diese Weise kommt man zu den drei Hauptgruppen Kalknatronglas, Bleiglas und Borosi-

licatglas. Sie machen zusammen etwa 95 % des insgesamt erschmolzenen Glases aus. Die restlichen 5 % entfallen auf Spezialgläser, die zum Teil in geringen Mengen hergestellt werden. Tausende, verschiedene spezielle Glastypen sind bislang entwickelt worden, und viele davon finden auf bestimmten Gebieten Anwendung. In Abschnitt 6 wird davon noch im einzelnen die Rede sein.

Von ganz wenigen Ausnahmen abgesehen, handelt es sich bei allen Glasprodukten um Silicatgläser, in denen Siliciumdioxid (SiO_2) die Hauptkomponente darstellt.

2.3.1 Kalknatrongläser

Die weitaus größte Menge aller industriell hergestellten Gläser gehört einer sehr ähnlich zusammengesetzten Gruppe von Gläsern an, die als Kalknatrongläser bezeichnet werden. Wie aus dem Namen hervorgeht, spielen dabei neben Sand hauptsächlich Natron und Kalk als Bestandteile eine Rolle.

Ein typisches Kalknatronglas besteht zu 71 bis 75 Gewichts % aus Sand (SiO_2), 12 bis 16 % aus Natron (Natriumoxid, als Rohstoff Soda oder Natriumcarbonat), 10 bis 15 % aus Kalk (Calciumoxid aus dem Rohstoff Kalk oder Calciumcarbonat) und einigen Prozenten an anderen Stoffen, etwa zum Färben. Manchmal wird ein Teil des im Kalk enthaltenen Calciums durch Magnesium oder des in der Soda vorkommenden Natriums durch Kalium ersetzt. Dennoch können auch auf diese Weise zusammengesetzte Glasarten wegen ihrer weitgehenden Ähnlichkeit den Kalknatrongläsern zugerechnet werden.

In der Praxis tritt Kalknatronglas namentlich in Gestalt von Getränkeflaschen, Konservenglas, einfachen Trinkgläsern und Flachglas auf.

Die chemischen und physikalischen Eigenschaften von Kalknatronglas schaffen die Voraussetzungen für seine weite Verbreitung. Zu den wichtigsten gehört die Lichtdurchlässigkeit, vor allem bei Verwendung als Flachglas zur Verglasung von Fenstern. Vorteilhaft ist ferner die glatte, porenfreie Oberfläche, so daß daraus gefertigte Flaschen und andere Verpackungsgläser leicht gereinigt werden können. An Getränke und Lebensmittel, die in Gefäße aus Kalknatronglas abgefüllt sind, werden keinerlei gesundheitsschädliche oder den Geschmack verändernde Stoffe abgegeben. Die Wasserbeständigkeit reicht aus, damit auch bei wiederholtem Kochen (Konservengläser) keine negative Veränderung der Oberfläche eintritt.

Der relativ hohe Alkaligehalt des Glases erniedrigt zwar die Schmelztemperatur gegenüber reinem SiO_2-Glas, bewirkt aber andererseits auch einen Anstieg des Wärmeausdehnungskoeffizienten (α) auf das rund 20fache, nämlich von ~ $0,5 \cdot 10^{-6}$ auf $9 \cdot 10^{-6}/K^1$, (vgl. 6.1 und Tabelle Seite 105).

Man hat im Hinblick auf die Bedeutung des Wertes von α sämtliche Gläser in 2 Klassen eingeteilt: Gläser mit α-Werten unter $6 \cdot 10^{-6}/K$ bezeichnet man als »Hartgläser«, solche mit α-Werten darüber als »Weichgläser«.

Wegen der hohen Wärmedehnung ist die Widerstandsfähigkeit von Kalknatronglas gegen Temperaturwechsel gering (vgl. 2.2). Deshalb ist vorsichtiges Hantieren erforderlich, wenn beispielsweise heiße Flüssigkeiten eingefüllt werden sollen.

2.3.2 Bleigläser

Wird anstelle von Calcium in größerem Umfang Blei als Oxid in das Gemenge eingeführt, erhält man einen Glastyp, der als Bleikristall am bekanntesten ist. Ein solches Glas kann sich z.B. aus 54 bis 65 Gewichts % SiO_2, 18 bis 38 % Bleioxid (PbO), 13 bis 15 % Alkalioxiden (Soda, Na_2O, und Pottasche, K_2O) und einigen weiteren Oxiden zusammensetzen. Weniger bleihaltige Gläser (PbO < 18 %) heißen Kristallglas. Zu ihrer Schmelze werden in unterschiedlichem Umfang und bei teilweisem Ersatz von Bleioxid auch die Oxide von Barium, Zink und Kalium herangezogen. Zum Schutz des Verbrauchers vor irreführenden Bezeichnungen hat der Gesetzgeber 1971 Vorschriften über die Zulässigkeit der Begriffe Bleikristall, Kristallglas u. a. erlassen, die sich auf Glaswaren zur Verwendung bei Tisch und im Haushalt beziehen (Näheres s. in 5.5).

Bleihaltige Gläser weisen eine hohe Lichtbrechung auf und eignen sich besonders gut für die Verzierung

---

1 K (Kelvin) entspricht als Temperaturdifferenz der alten Einheit °C.

durch Schliff. Ihr Raumgewicht liegt höher als bei Kalknatronglas. Im täglichen Leben begegnen sie uns zumeist als Trinkgläser, Vasen, Schalen, Ascher oder als Ziergegenstände.

2.3.3 Borosilicatgläser

Borsäurehaltige Silicatgläser werden zur dritten Gruppe zusammengefaßt, dem Borosilicatglas. Es weist einen höheren Anteil von SiO_2 auf als die beiden vorhergehenden Glastypen, nämlich 70 bis 80 Gewichts %. 7 bis 13 % entfallen auf Bortrioxid (B_2O_3), 4 bis 8 % auf Na_2O und K_2O sowie 2 bis 7 % auf Aluminiumoxid (Al_2O_3). Gläser mit solcher Zusammensetzung besitzen eine hohe Beständigkeit gegen chemische Einwirkungen und Temperaturunterschiede. Daher finden sie vornehmlich für Produktionsanlagen aus Glas in der chemischen Industrie, in Laboratorien, als Ampullen und Fläschchen in der pharmazeutischen Industrie zur Verpackung von Injektionsmitteln oder als hochbelastbare Glühlampengläser Verwendung. Aber auch im Haushalt kommt Borosilicatglas vor: Back- und Auflaufformen sowie anderes »feuerfestes« Geschirr sind daraus gefertigt.

Die Familie der Borosilicatgläser ist außerordentlich umfangreich, je nachdem, wie die für die Glasschmelze geeigneten Borverbindungen mit den anderen Metallverbindungen kombiniert sind. Die meisten dieser Gläser sind deshalb bereits den Spezialgläsern zuzurechnen (vgl. 6.2 bis 6.5).

2.3.4 Spezialgläser

Die für besondere technische und wissenschaftliche Zwecke bestimmten Gläser bilden eine gemischte Gruppe. Ihre Zusammensetzung ist sehr unterschiedlich und umfaßt zahlreiche chemische Elemente. Hierher gehören unter anderem die optischen Gläser, ferner Gläser für Elektrotechnik und Elektronik sowie die Glaskeramiken. Darauf wird in Abschnitt 6 näher eingegangen.

2.4 Rohstoffe für die Glasherstellung

Sand ist der wichtigste Rohstoff für Glas. Fast die Hälfte der festen Erdoberfläche besteht aus Siliciumdioxid (SiO_2), dem Hauptbestandteil der Sande und Gesteine. Die meisten Sande besitzen jedoch nicht die für die Glasherstellung erforderliche Reinheit, da sie größere Anteile von Verunreinigungen färbender Oxide, insbesondere an Eisenoxid, enthalten. Bereits Gehalte ab etwa 0,1 % Fe_2O_3 machen den Sand für anspruchsvollere Zwecke, etwa für die Herstellung von Tafelglas, unbrauchbar, da dadurch das Glas eine deutliche Grünfärbung erhält. So sind Vorkommen von Sanden mit 0,01–0,03 % Fe_2O_3, die zur Herstellung technischer Spezialgläser eingesetzt werden, bereits relativ selten (s. Abb. 2.4).

Noch problematischer wird es für den zur Schmelze optischer Gläser erforderlichen Quarzsand, dessen Gehalt an Eisenoxid kleiner sein muß

Abb. 2.4: Qualitativ hochwertiger Sand als Rohstoff für die Glasherstellung

als 0,001 %, zum Teil sogar nur einen Bruchteil davon – man drückt diese niedrigen Gehalte in p.p.m. aus, d. h. »parts per million«, wobei 1 ppm = 10^{-4} %. Die Gehalte an anderen färbenden Oxiden, wie denjenigen von Chrom, Kupfer, Nickel, Kobalt und anderen störenden Verunreinigungen, müssen für optische Quarzsande noch wesentlich niedriger sein. Man findet, über die gesamte Erdoberfläche zerstreut, nur ganz wenige Vorkommen, die diesen Anforderungen genügen. Für diese höchsten Ansprüche unterzieht man das gebrochene Material einer zusätzlichen chemischen Reinigung, etwa mit geeigneten Säuren durch Einwirkung bei erhöhter Temperatur. Die Korngröße des Sands soll zweckmäßig zwischen 0,1 und 0,4 mm liegen.
Um die Schmelztemperatur von Sand (≥ 1700 °C) herabzusetzen und geeig-

nete Schmelzgefäße verwenden zu können, benötigt man Flußmittel, insbesondere Natriumoxid. Dieses wird meist als Carbonat (Soda), teilweise auch als Nitrat oder Sulfat eingelegt. In dieser Form kommt das Alkali in der Natur jedoch nur selten vor. In praktisch unbegrenzten Massen findet man die Alkalimetalle dagegen an Halogen gebunden vor, meist als Natriumchlorid (Kochsalz). So konnte eine Glasherstellung in industriellem Umfang erst beginnen, als man gelernt hatte, das Alkalihalogenid großtechnisch umzuwandeln in oxidisch gebundenes Natrium, zuerst durch das Le Blanc- und später durch das Solvay-Verfahren zur Sodagewinnung.

Soda
oder Natriumcarbonat (Na_2CO_3) wird als kalzinierte Soda (ein wasserfreies, weißes Pulver) dem Glasgemenge zugesetzt. Das Natron der Soda geht während der Schmelze in das Glas ein, die Kohlensäure wird frei und verflüchtigt sich durch den Schornstein.

Glaubersalz
oder Natriumsulfat (Na_2SO_4) (im 17. Jahrhundert von dem Arzt und Chemiker Johann Rudolph Glauber als Medikament entdeckt) kann, in wasserfreier Form mit zerkleinerter Kohle vermischt dem Gemenge beigegeben werden, anstelle von Soda verwendet werden. Die schweflige Säure wird frei, und das Natron geht wie bei der Soda in die Schmelze ein.

31

Pottasche
oder Kaliumcarbonat (K_2CO_3) ist ein körniges weißes Pulver, das früher durch Auslaugen von Holzasche (meistens von Buchen und Eichen) in großen Gefäßen (Pötten) gewonnen wurde. Heute erfolgt die industrielle Herstellung aus Kaliumsulfat. In der Glasschmelze zerfällt die Pottasche in Kalium, das als Oxid in das Glas eingeht, und Kohlensäure, die durch den Schornstein entweicht. Pottasche ergibt ein reines, farbloses Glas, wenn färbende Metalle fehlen.

Stabilisatoren zur Erhöhung der Beständigkeit, Festigkeit und Härte
Eine Reihe von Oxiden mehrwertiger Metalle verleihen als Zusatz zur Glasschmelze dem fertigen Glas physikalische und chemische Eigenschaften, die für seine Verwendbarkeit entscheidend wichtig sind. Für die Verfestigung des Netzwerkes, die sich in einer Verbesserung der chemischen Beständigkeit und der mechanischen Eigenschaften auswirkt, spielen die Oxide des Calciums (CaO), Magnesiums (MgO), Aluminiums (Al_2O_3) und Zinks (ZnO) sowie insbesondere das Bortrioxid (B_2O_3) eine wesentliche Rolle. Auch ein Zusatz von K_2O anstelle von Na_2O macht die Gläser meist chemisch resistenter.

Kalk
oder Calciumcarbonat ($CaCO_3$) kommt in der Natur als Kalkstein, Kalkspat, Marmor oder Kreide vor. Bei einer Temperatur von etwa 1000 °C entweicht dem Kalk die Kohlensäure. Übrig bleibt Calcium-

oxid, sogenannter Kalk, der in das Glas eingeht. Kalk wird beigemengt, um die Härte und chemische Beständigkeit (Resistenz) des Glases zu verbessern. Im Flachglas wird der Kalk zum Teil durch Magnesiumoxid ersetzt, das im Rohstoff Dolomit ($CaCO_3$ + $MgCO_3$) mit Kalk verbunden ist und die Schmelztemperatur erniedrigt.

Tonerde
(Aluminiumoxid, Al_2O_3) wird meist in Form der weit verbreiteten alkalihaltigen Feldspate (z.B. als $NaAlSi_3O_8$) in das Gemenge eingeführt. Das 3wertige Aluminium bildet in der Glasschmelze AlO_4-Gruppierungen, die sich unter Einschluß eines Alkaliions in das Netzwerk der SiO_4-Tetraeder eingliedern und dabei Trennstellen beseitigen. Dies führt neben verbesserter chemischer Resistenz auch zu erhöhter Zähigkeit in tieferen Temperaturbereichen.

Bleioxide
Zur Einführung von Blei in Glas werden hauptsächlich die Oxide PbO (Bleiglätte) und Pb_3O_4 (Mennige) verwendet, im Glas liegt es jedoch stets im zweiwertigen Zustand als Pb^{2+} vor. Mäßige Zusätze von PbO im Glas erhöhen die Beständigkeit, höherer Bleigehalt erniedrigt die Schmelztemperatur und führt zu geringerer Härte, aber höherer Lichtbrechzahl des Glases, die in der »Brillanz« zur Geltung kommt (s. 5.1.3).

Bariumoxid
wird als $BaCO_3$ (Witherit) hauptsächlich in optischen Gläsern und in Kri-

stallglas anstelle von Kalk bzw. Mennige eingesetzt. Bariumhaltiges Glas ist nicht ganz so schwer wie Bleikristall, erreicht jedoch wegen der erhöhten Brechzahl annähernd dessen Glanz.

Borverbindungen
Das für Spezialgläser besonders wichtige Bortrioxid (B_2O_3, das Anhydrid der Borsäure (H_3BO_3) kommt in der Natur nur an sehr wenigen Stellen vor, häufiger dagegen Natrium- und Calciumborat. Im allgemeinen müssen daher diese Verbindungen erst chemisch zur reinen Borsäure aufbereitet werden, insbesondere für optisches Glas.

Färbungsmittel
Als Ausgangsstoffe zur Färbung von Glas werden nur reine Chemikalien verwendet. Verschiedenartige Färbungen erzielt man durch Zusatz

von Verbindungen der sogenannten »Nebengruppenelemente« (Kupfer, Chrom, Mangan, Eisen, Kobalt, Nickel, Vanadium, Titan) oder von Seltenen Erden (hauptsächlich Neodym und Praseodym) zu geeigneten Grundglasschmelzen. Die färbenden Metallionen ergeben die Farbtöne, die in Tabelle 2.2 aufgeführt sind.
Intensiv gelbe, orange oder rote Färbungen werden durch Ausscheidung von Edelmetallkolloiden sowie von Selen, Cadmiumsulfid und -selenid beim Abkühlen der Schmelze oder durch nachträgliche Wärmebehandlung erzeugt (»Anlaufgläser«, am bekanntesten die Goldrubin-Gläser). Mittels Kombination der Oxide von Mn, Fe, Ni und Co erhält man braune und graue Färbungen, die bei hohen Konzentrationen in schwarz übergehen. Unerwünschte Farbstriche lassen sich notfalls durch sauerstoffabgebende Substanzen (z.B. Läutermittel, s. unter 3.2) beseitigen.

Tab. 2.2: Färbungsmittel/Farbtöne

Kupfer	(Cu^{2+}):	schwach blau
Chrom	(Cr^{3+}):	grün; (Cr^{6+}): gelb
Mangan	(Mn^{3+}):	violett
Eisen	(Fe^{3+}):	gelb-braun; s. auch »Kohlegelb«-Färbung (S. 88);
	(Fe^{2+}):	blau-grün
Kobalt	(Co^{2+}):	intensiv blau, in Boratgläsern rosa; (Co^{3+}): grün
Nickel	(Ni^{2+}):	je nach Glasmatrix grau-braun, gelb, grün, blau bis violett
Vanadium	(V^{3+}):	in Silicatglas grün, in Boratglas braun
Titan	(Ti^{3+}):	violett (reduzierend geschmolzen)
Neodym	(Nd^{3+}):	rot-violett
Praseodym	(Pr^{3+}):	schwach grün

Abb. 2.5: 30–40 % Scherben im Gemenge gestatten bei ausreichender Glasqualität die höchsten Schmelzleistungen der Glaswannen

Nachträglich können auch farblose Gläser an der Oberfläche bei 400–600 °C durch Farbbeizen, besonders Silberbeizen, gelb bis rotbraun gefärbt werden (s. 5.1.5.2).

Abb. 2.6: Altglasbehälter

Trübungsmittel
Bei Zumischung von fluorhaltigen Stoffen wie z.B. Flußspat (CaF_2), heute vorzugsweise von Phosphaten, setzen sich in der Glasmasse feinste kristalline Teilchen ab, die das Glas trüben und undurchsichtig machen. Solche Gläser spielen als Opal-Wirtschaftsglas sowie als Opak- oder Milchglas im Bauwesen und als Opalüberfangglas in der Leuchtenbranche eine Rolle (s. 4.3, 5.1.3 und 5.1.4).

Glasscherben
Jede Glashütte sammelt ihre Scherben, die etwa beim Zuschneiden von Flachglas als Ausschuß oder Bruch beim Hohlglas anfallen. Glasscherben wirken wie Flußmittel und beschleunigen das Flüssigwerden des Sandes. Dadurch werden Heizenergie und

Rohstoffe eingespart. Obwohl Glasscherben streng genommen kein Rohstoff sind, dürfen sie daher als Zuschlag bei der Schmelze nicht fehlen. Reicht ein Scherbenvorrat nicht aus, werden unter Umständen Scherben »produziert« oder zugekauft.

Glas-Recycling
Um die Mülldeponien zu entlasten und um den Energie- und Rohstoffeinsatz bei der Glasschmelze zu reduzieren, gewinnt das Altglasrecycling immer mehr an Bedeutung. In Deutschland und in vielen anderen Ländern mit einem entwickelten Umweltbewußtsein wird flächendeckend über Altglassammelbehälter und Spezialfahrzeuge das Altglas gesammelt und zu Aufbereitungsanlagen gebracht. Dort erfolgt, je nach seiner späteren Verwendung, eine teils manuelle, teils maschinelle Trennung der Glasabfälle in weißes und farbiges Altglas sowie eine Entfernung grober Fremdstoffe. Nach dem anschließenden Zerkleinern werden weitere Verunreinigungen z.B. mittels Magneten und Gebläse entfernt. In manchen Glashütten wird, entsprechend den dort vorhandenen Aufbereitungsanlagen, das Altglas selbst gereinigt und für die erneute Schmelze vorbereitet.
Jede Tonne Altglas, die in der Produktion wiederverwertet wird, ersetzt 1,2 Tonnen Rohstoffe und 100 kg Heizöl. Eine Recyclingquote von fast 100 % ist in Zukunft denkbar, sofern das Altglas nach Farben getrennt gesammelt und mit modernster Technologie aufbereitet wird.

Abb. 2.7: Das Gemenge

Abb. 2.8: Gemengehaus

Z. Zt. liegt der Altglasscherbenanteil bei deutlich über 80 %.

Das Gemenge
Das Rezept, nach dem die einzelnen Rohstoffe in bestimmten Mengen für die verlangte Glasart zusammengestellt werden, heißt Glassatz. Ist der Glassatz in allen Einzelheiten sorgfältig zusammengestellt, gut vermischt und zur Schmelze vorbereitet, spricht man von Gemenge.

Alle Rohstoffe werden in den Glaswerken einer eingehenden analytischen Kontrolle unterzogen. Aufgrund der Ergebnisse werden sodann im Gemengehaus Korrekturfaktoren errechnet, so daß Schwankungen in der Zusammensetzung der Rohstoffe durch entsprechende Einwaagen ausgeglichen werden. Mit Hilfe elektronischer Programmierung ist die Gemengezusammenstellung in modernen Betrieben voll automatisiert. Um einer Entmischung bis zum Gebrauch bei der Schmelze vorzubeugen, hat das Gemenge einen Feuchtigkeitsgehalt von 2 bis 4 %.

3. Die Glasschmelze

Die Schmelze ist die zentrale Phase der Glaserzeugung. Unter hohen Temperaturen vereinigen sich die einzelnen Rohstoffe zu flüssigem Glas. Die Beschaffenheit des verwendeten Schmelzaggregats, die Art der Heizenergie und der Verlauf des Schmelzprozesses sind auf die jeweilige Glasart und das Produkt, das daraus werden soll, abgestimmt. Die Entnahme des geschmolzenen Glases aus dem Ofen zur Verarbeitung und die Kühlung des fertigen Erzeugnisses sind weitere Verarbeitungsschritte, die sich an den Schmelzvorgang anschließen.

3.1 Schmelzaggregate

3.1.1 Die verschiedenen Formen

Ursprünglich kannte man nur den Tiegel- und Hafenofen, der eines oder mehrere Gefäße für das Schmelzen des Gemenges aufnahm. Daraus entwickelten sich fest mit dem Ofen verbundene Schmelzwannen. Beide Typen sind nebeneinander im Gebrauch.

Hafenschmelze
Der Ofen für die Hafenschmelze besteht aus Schamottesteinen für die inneren Wandungen, quarzhaltigen Steinen für das darüber angeordnete Gewölbe und Ziegeln für die Außenmauer. In der Regel setzt sich ein Hafenofen aus dem Unterofen für die Erhitzung des Heizgases und dem Oberofen zusammen, der die verschiedenen Schmelzgefäße, Häfen genannt, aufnimmt und als Schmelzraum dient. Daneben findet man häufig Hafenöfen, die über elektrische Heizleiter, die an den Seitenwänden angebracht sind, erwärmt werden.

Heute werden Hafenöfen nur noch in Mundblashütten und bei der Spezialglasherstellung eingesetzt. Sechs bis

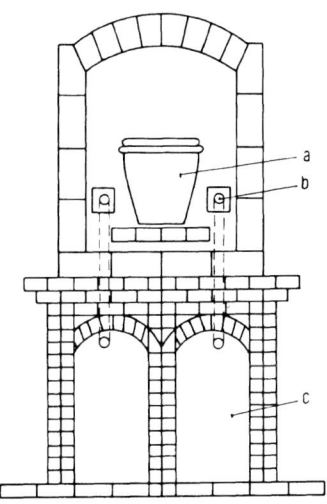

Abb. 3.1: Aufbau eines Hafenofens (schematisch) mit einem Hafen und zwei Regenerativkammern
a Glashafen; b Brenner; c Regenerativkammern zur Wärmerückgewinnung

zwölf Häfen haben darin Platz, in denen gleichzeitig verschiedene Glassorten erschmolzen werden können. Der Hafen besteht aus feuerfestem Ton (zum Teil mit Schamottezusatz).

Er wird langsam auf 1000 °C aufgeheizt und kann dann für die Glasschmelze verwendet werden. Er erinnert in seiner Form an einen umgedrehten, randlosen Hut und ist oben

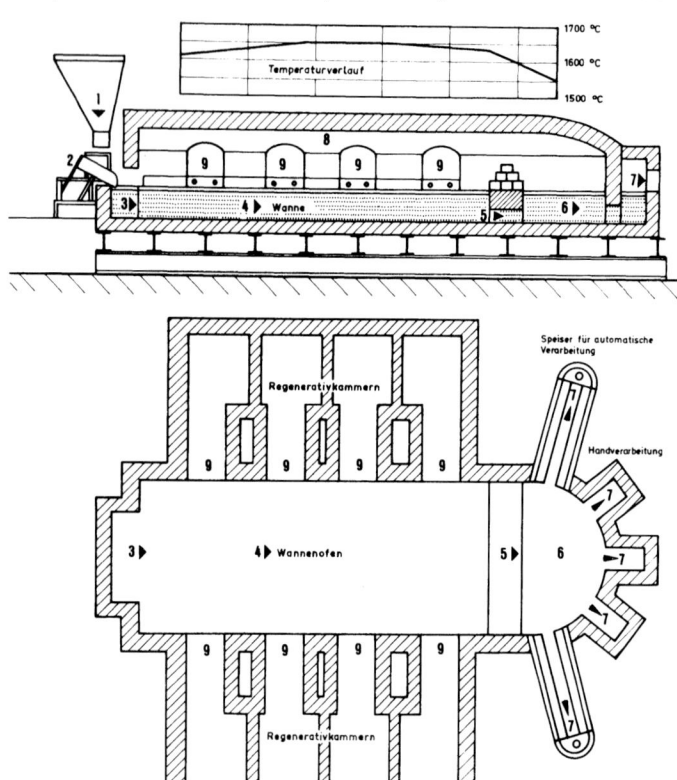

Abb. 3.2: Schmelzwanne im Grundriß und Schnitt. 1 Gemengebunker; 2 Einlegemaschine; 3 Einlegevorbau bzw. Doghouse; 4 Schmelz- und Läuterbecken; 5 Durchlaß; 6 Arbeitswanne; 7 Speiserrinnen und Handarbeitsvorbauten; 8 Ofenraum mit Gewölbe; 9 Brennerdüsen (je 2 Stück) für Frischluft bzw. Abgas auf der gegenüberliegenden Seite

offen. In den USA werden vorwiegend gedeckte Häfen verwendet, die oben geschlossen und mit einer Einlegeöffnung für das Gemenge und die Glasentnahme versehen sind. Früher fertigten die Glashütten ihre Häfen in der Hafenstube selbst. Jetzt werden sie durchweg von darauf spezialisierten Firmen geliefert. Das Fassungsvermögen eines Hafens beträgt bis zu 2000 kg, in der Regel zwischen 100 und 500 kg. Die Lebensdauer eines Hafens liegt bei durchschnittlich 2–3 Monaten im Dauerbetrieb.

Die Hafenöfen bleiben Tag und Nacht unter Feuer, allerdings mit unterschiedlichen Temperaturen. Nachmittags wird das Gemenge in die Häfen eingelegt und aufgeschmolzen, über Nacht dann bei noch höheren

Abb. 3.3: Guß eines optischen Glasblocks aus dem Hafen

Temperaturen geläutert, so daß ab frühmorgens die Ausarbeitung erfolgen kann. Beim Schmelzen klettert die Temperatur je nach Glasart bis auf 1300–1600 °C. Während der Entnah-

Abb. 3.4: Gewölbe einer Schmelzwanne

me und Verarbeitung des fertigen Glases liegt die Temperatur im Ofen bei 900 bis 1200 °C. Für eine kontinuierliche Produktion rund um die Uhr ist die Hafenschmelze nicht geeignet. Das fertige Glas reicht normalerweise nur für eine Schicht.

Wannenschmelze
Zur Verarbeitung größerer Glasmengen, vor allem bei maschineller Glasherstellung, werden Wannenöfen verwendet. Sie bestehen in der Regel aus Unter- und Oberofen sowie Kammern, in denen die Brennluft vorgewärmt wird. Der Unterofen, auch Bassin genannt, ist das eigentliche Schmelzgefäß und besteht aus hochwertigstem Steinmaterial. Größe und Konstruktion der Wannenöfen richten sich nach dem jeweils hergestellten Glasprodukt. Es werden Tages- und Dauerwannen unterschieden.

Tageswannen
sind eine Weiterentwicklung des Hafenofens und erbringen eine kleine Schmelzleistung (z. B. 10 Tonnen in 24 Stunden). Jeden Tag werden sie neu mit Gemenge gefüllt. Nachts wird geschmolzen, und am Tage geht das Glas in die Produktion. Daraus wird die enge technische Verwandtschaft zum Hafenofen deutlich. Ein Wechsel der in der Tageswanne zu schmelzenden Glasart ist kurzfristig möglich. Man spricht dann vom »Umschmelzen«. Tageswannen werden hauptsächlich für Farbgläser, Kristallglas und weiche Spezialgläser eingesetzt.

Abb. 3.5: Automatische Gemengezufuhr

Dauerwannen
Ihre Entwicklung war Vorbedingung für das Entstehen großer Unternehmen der Glasbranche mit industrieller Massenfertigung. Bei der Herstellung von Flachglas und Verpackungsglas sowie von bestimmten optischen Gläsern für die Massenherstellung sind sie ausschließlich im Gebrauch. Dauerwannen sind im allgemeinen 10–40 m lang und 3–6 m breit. Die Schmelzleistungen liegen je nach Produktart zwischen 100 und 400 Tonnen im Zeitraum von 24 Stunden. Bei großen Flachglaswannen wird die 1000 Tonnen-Marke bereits überschritten. Voraussetzung dafür sind ununterbrochene Zuführung von Gemenge und kontinuierliche Verarbeitung des geschmolzenen Glases. Der

Betrieb an Dauerwannen ist fast immer dreischichtig, die Produktionsweise stets vollautomatisiert. Glasschmelzwannen sind, abgesehen von den Hochöfen der Eisen- und Stahlindustrie, die größten in der Industrie vorkommenden Ofenarten. Die Riesen unter ihnen, die bei der Flachglaserzeugung Verwendung finden, erreichen eine Länge von 100 m und eine Breite von 13 m. Die Schmelzwanne selbst kann bis zu 2500 Tonnen flüssiges Glas enthalten.

Wannenkonstruktion
Dauerwannen unterscheiden sich insbesondere nach der Größe, Tagesleistung und dem Beheizungssystem. In der Praxis kommen hauptsächlich vor: a) regenerativ (d. h. mit Vorheizung von Brenngas und -luft) beheizte Querbrennerwannen; b) meist für kleinere Leistungen gebaute und regenerativ beheizte U-Wannen mit verhältnismäßig geringem Platzbedarf; c) Unit-Melter bzw. rekuperativ beheizte Langwannen, eine Konstruktion besonders für die Flaschenfertigung, ausgerüstet mit einem gegenüberliegenden Brennersystem, platzsparend, aber mit höherem Energieverbrauch; d) vollelektrische Wannen, vor allem zur Herstellung von Spezialgläsern mit niedrigen Tagesleistungen von 2–60 Tonnen.
Daneben findet man seit Beginn der neunziger Jahre vermehrt Wannen, bei denen die vorgewärmte Brennluft durch reinen Sauerstoff ohne Vorwärmung ersetzt wird.
Darüber hinaus gibt es eine Vielzahl von Spezialkonstruktionen, die auf eine bestimmte Glasart, vor allem optische Gläser, und deren Anforderungen abgestimmt sind.

Ofenbaumaterial
Die für den Bau der Glasöfen, gleich welcher Art, verwendeten feuerfesten Baustoffe sind Verschleißmaterialien. Ihre Verwendbarkeit richtet sich nach der Lebensdauer, der geringsten Fehlermöglichkeit durch Abgabe von Bestandteilen an das Glas und den Kosten. In den letzten vier Jahrzehnten hat es auf dem Gebiet des Ofenbaumaterials umwälzende Neuentwicklungen gegeben. Dadurch ließen sich höhere Schmelztemperaturen, gesteigerte Leistung bei der Schmelze und bessere Glasqualitäten erreichen. Die Hauptrolle spielen dabei schmelzflüssig gegossene Korund-Baddeleyitsteine für die am meisten beanspruchten Ofenteile. Die Lebensdauer eines Wannenofens, die sogenannte Ofenreise, beträgt neuerdings bis zu über zehn Jahre. Die normale Ofenreise eines Hafenofens liegt bei fünf Jahren. In der Zwischenzeit sind notfalls Reparaturen an Teilen der Ofenanlage möglich, die als Heißreparatur (ohne Unterbrechung der Befeuerung) oder Kaltreparatur (der Ofenbetrieb liegt still) durchgeführt werden können.
Verunreinigungen durch das Ofenbaumaterial werden besonders bei der Herstellung optischer Gläser mittels Platinauskleidungen der Wannen und Häfen verhindert. Platin und seine Legierungen (z. B. mit Rhodium) sind in geschmolzenem Glas unlöslich, haben einen hohen Schmelz-

punkt und weisen bei gleichbleibender Zusammensetzung immer dieselben Eigenschaften auf.

Andere mit der Schmelze in Berührung kommende Anlagenteile, z. B. Speiserrinnen, Durchlaßverkleidungen, Blas-Düsen, Elektroden, Umkleidungen von Rührern usw., sind ebenfalls vielfach aus Platin.

3.1.2 Die Brennstoffe

Wie die Geschichte des Glases gezeigt hat, stand für die Glasschmelze ursprünglich nur Holz zur Verfügung. Ab dem 17. Jahrhundert wurde es zögernd durch Kohle ersetzt, aber erst zu Beginn des 19. Jahrhunderts setzte sich die Verwendung von Stein- und Braunkohle allgemein durch.

Gas
Nach dem Vorbild von Holz wurde zunächst auch die Kohle nur unmittelbar zur Befeuerung der Glasöfen benutzt. Doch um 1860 erfand Wilhelm Siemens die indirekte Heizung durch Verbrennung von Gas, das durch Entgasung von Kohle in einem Generator, dem Gaserzeuger, gewonnen wurde. Seitdem war die Generatorgasfeuerung im Glasschmelzbetrieb üblich, die erst nach 1950 durch modernere Methoden abgelöst wurde. Die Hütten gingen mehr und mehr von der Eigengaserzeugung zur Ferngasversorgung über. Die schnell wachsende Verfügbarkeit von Erdgas ab Ende der sechziger Jahre beschleunigte diesen Prozeß. Die Vorteile moderner Gasfeuerung sind hohe Reinheit, gute Regelbarkeit und kein Aufwand für Lagerhaltung.

An abgelegenen Hüttenstandorten ohne Anschluß an das Ferngasnetz werden mitunter auch Flüssiggase (Propan oder Butan) für die Beheizung von kleineren Schmelz- und Nebenaggregaten eingesetzt.

Heizöl
hat nach 1950 schnell Eingang in die deutsche Glasindustrie gefunden. Man unterscheidet leichtes und schweres Heizöl mit abweichenden Heizwerten. Ein Vorzug der Befeuerung mit Heizöl gegenüber Gas ist die heller leuchtende Flamme, was sich ebenso positiv auf die Wärmeübertragung auf das Glasbad auswirkt. Nachteile sind im Vergleich dazu der teils hohe Schwefelgehalt von Heizöl, die Neigung zur Verkokung und der Zwang zur Lagerhaltung in eigenen Tanks.

Strom
Die Erfahrungen mit elektrischer Glasschmelze reichen bis etwa 1900 zurück. Verschiedene Verfahren kön-

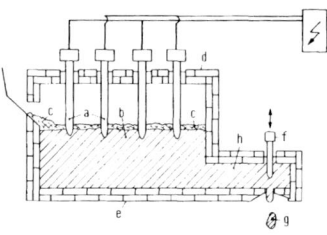

Abb. 3.6: Ein möglicher Aufbau einer elektrisch beheizten Glaswanne (schematisch). a Platin-Elektroden, b Glasschmelze, c Gemenge, d Oberbau, e Wannenbecken, f Plunger, g dosierter Tropfen, h Rinne

nen angewendet werden, so die Bestrahlung des Glasbades mit Heizelementen, die induktive Beheizung mit Mittelfrequenz-Wechselstrom und die Widerstandsbeheizung der Behälterwandung. Vollkommener ist die Beheizung der Glasschmelze mit Hilfe eintauchender Elektroden. Bei vollelektrischen Wannen wird ein wärmetechnischer Wirkungsgrad (das ist vereinfacht das Verhältnis von tatsächlich genutzter Wärme zur zugeführten Wärmeenergie) von ca. 80 % erreicht, bei flammenbeheizten (mit Gas oder Heizöl) liegt er dagegen zwischen 30–50 %, wobei sich die reine Sauerstoffbeheizung günstig auswirkt. Außerdem ist die Elektroschmelze umweltfreundlich. Investitions-, Reparatur- und Wartungskosten halten sich in Grenzen. Der wirtschaftliche Nutzen im Vergleich zu flammenbeheizten Wannen wird vor allem bestimmt durch die Qualitätsanforderungen an die zu schmelzende Glasart, die Kosten für die bereitzustellende Energie (Strompreis) und die anfallenden Entsorgungskosten (Filterstäube etc.).

3.1.3 Die Beheizungsvarianten

Bei Beheizung der Öfen mit Gas oder Heizöl werden die Brenngase (Gas oder Luft) entweder gemeinsam oder die Luft allein vorgewärmt. Mit dieser Vorwärmung kann einerseits der Brennstoffverbrauch um 50–70 % gesenkt werden, andererseits werden nur so die vielfach notwendigen Ofenraumtemperaturen von bis zu 1650 °C erreicht.

Regenerativfeuerung

Das Regenerativ-Prinzip besteht darin, daß die Verbrennungsluft vor Eintritt in den Ofenraum durch Vorwärmkammern geleitet wird, die paarweise an den Oberofen angeschlossen sind. Darin befinden sich geschichtete Steine (Gitterung), an denen entlang die heißen Abgase des Schmelzofens geführt werden und den Großteil ihrer Wärme abgeben. Durch Umkehren des Gasstromes in Abständen von etwa einer halben Stunde wird die kalte Luft durch die Kammern geleitet und dabei erhitzt. Das ist die Arbeitsweise der Regenerativfeuerung, die auf Gas und Heizöl anwendbar ist.

Rekuperativfeuerung

Dabei erfolgt kein Wechsel von kalter Luft und heißen Abgasen innerhalb des Ofensystems. Die Strömungsrichtung der Verbrennungsluft und der Abgase bleibt immer gleich. Die Wärmeübertragung erfolgt durch dünne Trennwände zwischen der kalten Luft und den heißen Abgasen.

Sauerstofffeuerung

Wo es von der Qualitäts- und Kostensituation sinnvoll und notwendig ist, werden in zunehmendem Maße flammenbeheizte Wannen auf die Verbrennung von reinem Sauerstoff umgerüstet. Bei diesem Prinzip entfallen sowohl die Regeneratorkammern als auch die Rekuperatoren, da eine Vorwärmung des Sauerstoffs nicht notwendig ist, um die für viele Spezialanwendungen hohen Ofenraumtemperaturen zu erreichen. Es kommen eigens dafür ausgelegte Brenner zum Einsatz.

3.2 Der Schmelzvorgang

Der Schmelzprozeß gliedert sich in mehrere Phasen, die sorgfältiger Überwachung und Steuerung bedürfen. Das gilt für den traditionellen Hafenofen ebenso wie für den nach modernsten Erkenntnissen konstruierten Wannenofen.

Rauhschmelze
Infolge der schlechten Wärmeleitfähigkeit des Gemenges vollzieht sich die Temperaturentwicklung im eingebrachten Gemenge so langsam, daß Zeit für verschiedene physikalisch-chemische Vorgänge und Reaktionen zwischen den einzelnen Gemengebestandteilen bleibt. Einige Rohstoffe zersetzen sich unter Hitzeeinwirkung, rohstoffgebundene Gase werden frei, und Gemengefeuchtigkeit verdampft. Langsam werden die Rohstoffe flüssig. Das geschieht bei Temperaturen zwischen 1000 bis 1200 °C. Zuerst löst sich der Sand unter dem Einfluß der Flußmittel. Die Kieselsäure des Sandes verbindet sich mit dem Natron der Soda oder dem Kalium des jeweiligen Flußmittels und den übrigen glaswandelnden Stoffen. Gleichzeitig entweichen große Gasmengen durch die Zersetzung der Hydrate, Carbonate, Nitrate und Sulfate, wobei Wasser, Kohlensäure, Stickstoff, Sauerstoff und Schwefeldioxid entsteht. So werden z. B. von 1 Liter Kalknatronglas-Gemenge bei 1000 °C ca. 1440 Liter Gas

Abb. 3.7: Glasschmelze im Hafen bei ca. 1200 °C

abgegeben, davon ca. 70% Kohlensäure (CO_2). Natürlich ist der Vorgang der Glasentstehung in Wirklichkeit noch wesentlich komplizierter. Die Masse wird schließlich durchsichtig, das Aufschmelzen, die sogenannte »Rauhschmelze«, ist abgeschlossen. Das Volumen hat sich auf etwa ein Drittel verringert, weil die kleinen Hohlräume zwischen den Gemengekörnchen weggefallen und die Gase entwichen sind. Bei Hafenschmelzen muß wieder Gemenge nachgelegt werden, damit die erforderliche Glasmenge erschmolzen werden kann, bei Wannenschmelzen erfolgt der Gemengenachschub meist kontinuierlich durch die Einlegemaschinen.

Läuterung
Während das Gemenge unter dem Einfluß der Hitze zähflüssig geworden ist, beginnt bereits die langsame Homogenisierung, das ist die völlige Auflösung und gleichmäßige Verteilung aller Einzelbestandteile, insbesondere die Beseitigung von Schlie-

ren, und die Läuterung, d. h. die Entfernung von Gasblasen aus der Schmelze. Um höchste Homogenität und Blasenfreiheit zu erzielen, bedarf es gründlicher Durchmischung und Entgasung des Glases. Am häufigsten ist die Anwendung chemischer Läutermittel. Ihr Prinzip besteht darin, daß Verbindungen zugesetzt werden, die bei höheren Temperaturen Gas abgeben, wie z. B. Arsenpentoxid (As_2O_5), das oberhalb ca. 1250 °C in Arsenik (As_2O_3) und Sauerstoff zerfällt. Im gleichen Sinne wirkt Natriumsulfat (Glaubersalz), das bei ca. 1200 °C Schwefeldioxid und Sauerstoff abspaltet und als billiger Rohstoff für die Läuterung von Massengläsern bevorzugt wird. Die Sauerstoff-Blasen nehmen die übrigen gelösten Gase und schon vorhandene Bläschen auf, vergrößern sich dadurch und steigen dann schneller auf. Die Läuterung von Blasdüsen kann durch Anwendung des Bubbling-Verfahrens erleichtert und stabilisiert werden. Dazu werden durch Öffnungen im Boden des Schmelzaggregates Wasserdampf, Sauerstoff, Stickstoff oder einfach Luft eingepreßt. Dadurch wird der Glasmasse eine erzwungene Strömung aufgeprägt. Durch weiteres Erhöhen der Temperatur wird die Schmelze dünnflüssiger, und die Gasbläschen können leichter an die Oberfläche aufsteigen. Diese Phase wird auch »Blankschüren« genannt. Das Aufsteigen der Blasen kann durch Anlegen eines Unterdruckes über der Glasbadoberfläche beschleunigt werden, ein Verfahren, das bei kleinen Tiegelschmel-

zen Stand der Technik ist und bei großtechnischen Anlagen in Zukunft an Bedeutung gewinnen wird. Bei Schmelzen von optischen Gläsern wird der hier geforderte extrem hohe Homogenisierungsgrad durch Rührwerke erzielt.

Abstehen

Auf die Rauhschmelze und Läuterung folgt die Abstehphase bei tieferen Temperaturen. Während dieses Prozesses werden die letzten kleinen löslichen, d. h. keinen Stickstoff enthaltenden Restblasen von der Schmelze resorbiert. Die Auflösung der Restblasen ist ein wichtiger Teil der Läuterung. Zugleich kühlt die Schmelze langsam bis auf die Arbeitstemperatur von 900 bis 1200 °C ab. Im Hafenofen finden die beschriebenen Abschnitte der Schmelze in zeitlicher Aufeinanderfolge statt. Im Wannenofen, in dem kontinuierlich geschmolzen wird (Dauerwanne), erfolgen die Schmelzphasen räumlich aufeinander. Mit anderen Worten: am einen Ende der Wanne wird das Gemenge eingefüllt, durchläuft es die einzelnen Zonen des Ofens, in denen Rauhschmelze, Läuterung sowie Abstehen erfolgen, bis die Arbeitstemperatur am anderen Ende der Wanne erreicht ist. In neuerer Zeit gibt es Überlegungen, die drei Abschnitte des Schmelzprozesses in einzelnen getrennten Aggregaten ablaufen zu lassen, d. h., ein Aggregat übernimmt die Rauhschmelze, eines die Läuterung und ein drittes das Abstehen und Konditionieren der Schmelze für die weitere Verarbeitung, wobei alle drei

Aggregate über geeignete Verbindungssysteme miteinander gekoppelt sind. In der Praxis verläuft die Läuterung im Wannenofen aber diffiziler. Angesichts der Bedeutung der Wannenschmelze für die industrielle Glasfertigung sei sie im einzelnen erläutert.

Läuterung im Wannenofen
In der Wanne strömt das Glas nicht geradlinig vom Einlegeende (wo das Gemenge eingefüllt wird) zur »Arbeitswanne« (wo das Glas die Arbeitstemperatur erreicht hat und verarbeitet werden kann), sondern es wird aufgrund der Temperaturunterschiede zu Umwegen gezwungen. Der Gemengehaufen, also die kalt eingelegte Rohstoffmischung, wird nicht nur an der Oberfläche, sondern auch von unten her durch das Glasbad abgeschmolzen. Dadurch entsteht an der Unterseite der Gemengeschicht relativ kaltes, blasenreiches Glas, das an den Wannenboden absinkt. Es würde nicht geläutert, wenn es nicht durch Strömungen an die Oberfläche käme. Die Läuterung findet nämlich in einer Glasschmelzwanne vorwiegend an der Oberfläche statt, weil da die Aufstiegswege für die Blasen kurz sind. Außerdem herrschen nur dort ausreichend hohe Temperaturen, um das für die Läuterung notwendige Blasenwachstum zu erreichen. Zu schnelle Glasströmungen behindern die Läuterung, weil dadurch ungeläutertes Glas zu schnell in den Abstehbereich befördert wird. Durch Einbauten in die Wannen, z. B. mit Hilfe eines Walles, können ideale Strömungswege erzwungen werden.

Wärmebedarf bei der Glasschmelze
Der theoretische Wärmebedarf, auch Einschmelzwärme genannt, ist diejenige Wärmemenge, die zum Schmelzen des Gemenges und zur Erreichung einer bestimmten Endtemperatur erforderlich ist. Sie setzt sich aus der Schmelzwärme (das ist der Wärmebedarf für die eigentliche Glasbildung aus dem Gemenge) und dem Wärmeinhalt des Glases sowie der gebildeten Gase bis zur Endtemperatur der Schmelze zusammen. Für die Beurteilung der Leistungsfähigkeit von Glasschmelzwannen braucht man die Angabe des Leerwertes, der täglichen Schmelzleistung, des Entnahmeverhältnisses, des täglichen Wärmeverbrauches und des wärmetechnischen Wirkungsgrades.
Der Leerwert ist der Wärmeverbrauch eines Glasschmelzofens, der auftritt, wenn keine Entnahme erfolgt. Unter wärmetechnischem Wirkungsgrad versteht man das Verhältnis der Nutzwärme (gleich Schmelzleistung mal theoretischer Wärmebedarf) zum tatsächlichen Wärmeverbrauch.

Das Einlegen
Bei Hafenöfen wird das Gemenge mit Schaufel oder Kelle auf die Glasoberfläche aufgelegt. Ist der Hafen mit durchgeschmolzenem Glas gefüllt, geläutert und abgestanden, folgt das Ausarbeiten, und erst danach wird von neuem eingelegt. Das ist ein Kreislauf im Zeitraum von 24 Stunden. Anders ist der Ablauf bei Wannenöfen, die über einen Einlegevorbau (Doghouse) verfügen, der sich

Abb. 3.8: Einlegen am Hafenofen

bei der Mehrzahl der modernen Wannen durchgesetzt hat. Der freiliegende, offene Glasspiegel des Vorbaues wird mit Gemenge bedeckt und der eingelegte Gemengeposten schwimmend abgeschoben. Die Vorteile des Einlegens über den Einlegevorbau bestehen namentlich in geringerer Verstaubung der Öfen und damit längerer Ofenreise (Lebensdauer der Öfen), weniger Wärmeabstrahlung durch die Einlegeöffnung, leichterer Handhabung und direktem Anschluß an den Gemengesilo.

In den 80er Jahren sind automatische Einlegevorrichtungen nach dem Stößelprinzip entwickelt worden. Auf dieser Grundlage arbeitende Einlegemaschinen bedecken einen großen Teil der Schmelzfläche mit einer geschlossenen, etwa 3 bis 8 cm dicken, fast bis zu den seitlichen Begrenzungen reichenden Gemengedecke. Das wirkt sich günstig auf die Schmelzleistung aus. Bei gleichgebliebener Schmelztemperatur und Glasqualität konnten dadurch beträchtliche Leistungssteigerungen erbracht werden. Die wichtigste Forderung der Glasverarbeitung an den Einlegevorgang bei Verwendung von Wannenöfen ist

die Konstanthaltung des Glasstandes. Dieser wird durch mechanische, elektrische und optische Meßgeräte automatisch überwacht und über die Steuerung der Einlegemaschinen geregelt. Vollelektrische Schmelzwannen nach dem Cold-Top-Prinzip besitzen keine offene Glasoberfläche mehr, da das Gemenge die Badoberfläche vollständig abdeckt. Gemengeeinlegevorrichtungen reichen von einer drehbaren Decke, von der das Gemenge herabrieselt, bis zu Gummibandförderern, die von der Seite die Gemengebeschickung vornehmen.

Schmelzfehler
Es gibt eine Reihe von Schmelzfehlern, die beim fertigen Produkt sichtbar sind und sich auf seine Verwendbarkeit negativ auswirken, es sei denn, sie werden aus gestalterischen Gründen bei kunstgewerblichem Glas gewünscht.

Abb. 3.9: Probeentnahme an der Schmelzwanne

Steiniges Glas
entsteht durch undurchsichtige Körnchen in verschiedener Größe. Solche Entglasungssteinchen, wie sie

genannt werden, entstehen, weil flüssiges Glas kristallisierte, oder es sind Absonderungen von Schamottesteinen, die von den Ofenwänden bzw. dem Hafen in die Schmelze gefallen sind. Des weiteren kommen Gemenge- und Schmelzsteinchen vor, die von grobkörnigen Rohstoffen oder unzureichender Schmelztemperatur herrühren.

Schlieren
im Glas werden als verglaste, durchsichtige Streifen oder Fäden im Glas sichtbar. Sie beruhen auf Glasinhomogenitäten mit abweichenden optischen Werten. Bei der Verarbeitung können Schlieren oder Fäden auch an der Oberfläche des Artikels entstehen.

Blasiges Glas
fällt meistens bei ungenügender Läuterung der Schmelze an. Sind die Blasen sehr klein oder in die Länge gezogen, so spricht man von »gispigem« Glas oder »Gispen« im Glas.

Mißfärbungen
entstehen durch Verunreinigungen der Rohstoffe oder ungenügende Entfärbung der Schmelze; Chrom z. B. färbt Glas grün, Kobalt blau.

Die Sol-Gel-Methode
Eine völlig andere Art, Glas ohne Schmelze herzustellen, ist die sog. »Sol-Gel-Methode«, bei der organische Verbindungen, z.B. Alkoholate des Siliciums, Natriums oder Calciums in einer Hydrolyse genannten Reaktion mit Wasser, Wasser und Alkohol abspalten. Dabei baut sich eine Struktur auf, in der die Metallatome

Abb. 3.10: Schlieren im Glas

durch Sauerstoffatome miteinander verbunden sind. Das so entstandene nicht kristalline irreguläre Netzwerk liegt als Gel vor. Mittels einer niedrig temperierten Wärmebehandlung wird das Gel in ein anorganisches Glas verwandelt.
Die Sol-Gel-Methode ermöglicht die Herstellung hochreiner, von Fremdstoffen fast freier Gläser von großer Homogenität. Da größere Glasstücke eine lange Zeit für ihre Umwandlung benötigen, ist z. Zt. eine großtechnische Anwendung nur bei Dünnschichtaufträgen rationell. Wärme- und Infrarotstrahlung, reflektierende Schichten auf Fensterscheiben oder die Beschichtung von Autorückspiegeln zur Minderung der Blendung sind typische Anwendungsbeispiele.

4. Flachglas

Unter Flachglas versteht man alle in flacher Form hergestellten Gläser unabhängig von der Fertigungstechnik. Im Unterschied zum Hohlglas hat es einige Jahrtausende länger gedauert, bis es den Glasmachern im Mittelalter gelang, flache Glastafeln für Bauten und zur weiteren Bearbeitung zu erzeugen. Maschinelle Produktionsverfahren setzten sich verhältnismäßig spät durch, von früheren Anfängen abgesehen, nämlich erst nach 1920. Heute sind manuell hergestellte Flachgläser nur noch ausnahmsweise anzutreffen.

Gut ein Drittel des in Deutschland produzierten Flachglases wird nicht in seiner ursprünglichen Form benutzt, sondern zu anderen Erzeugnissen veredelt. Sicherheitsglas in Fahrzeugen etwa oder Spiegel sind bekannte Beispiele dafür.

Der weitaus überwiegende Teil des Flachglases besteht aus Kalknatronglas, dessen Zusammensetzung bei allen Herstellern nahezu die gleiche ist. Durchschnittliche Werte sind: 72 % SiO_2, 14 % Na_2O (+ K_2O), 9 % CaO, 3–4 % MgO, 1 % Al_2O_3. Durch den unvermeidlichen Eisengehalt der Rohstoffe erhalten die üblichen Kalk-Natron-Flachgläser einen bei größerer Dicke merklichen Grünstich. Als Varianten für spezielle Anwendungen werden durch Zusatz färbender Oxide zum gleichen Grundglas auch verschieden getönte Gläser produziert. So gut wie farblos sind dagegen Boro-silicat-Tafelgläser und »weiße« Spezial-Spiegelgläser (s. 4.3). Ihr Eisengehalt (≤ 0,03 %) ist etwa 5–10mal niedriger als der der üblichen Kalk-Natron-Flachgläser.

4.1 Herstellung und Anwendung gebräuchlicher Flachgläser

4.1.1 Gußglas

Gußglas ist ein gegossenes und gewalztes Flachglas, das nicht klar durchsichtig ist.

Herstellung von Gußglas

Aus der Schmelzwanne läuft das flüssige Glas über eine Bank aus feuerfestem Steinmaterial, den Auslaufstein, auf den Maschinenstein. Von da gelangt der Glasfuß zwischen zwei wassergekühlte Formwalzen. Ihr Abstand voneinander bestimmt die Dicke der späteren Glasplatte. Ein Schamotteschieber regelt die Menge des austretenden Glases. Wird sogenanntes Drahtglas hergestellt, liegt vor den Formwalzen eine Drahteinlegerolle. Das von dieser Vorrichtung abrollende Drahtnetz wird mittels einer Eindruckwalze in die weiche Glasmasse eingefügt.

Soll das Gußglas ornamentiert sein, also seine Oberfläche mit einer Musterung versehen werden, benutzt man Formwalzen mit einer entsprechenden Oberflächenstruktur. Sie wirken wie ein fortlaufend verwendeter Prä-

Abb. 4.1: Maschinelles Gießen von Flachglas

gestempel. An die eigentliche Formgebung schließt sich der Kühlprozeß an. Über Transportwalzen oder -rollen läuft das noch glühende Glasband in eine tunnelartige Anlage hinein, den Kühlofen oder das Kühlband. Darin wird das Gußglas zunächst zuverlässig über die Transformationstemperatur des Glases erwärmt. Auf dem Wege durch den Kühltunnel verringert sich die Temperatur nach genau berechnetem Ablauf langsam, so daß im Glasinneren keine Spannungen entstehen können. Am »kalten Ende« steht das fertige Produkt nahezu handwarm zur Verfügung. Es wird auf Fertig- und Normmaße zugeschnitten und in Versandkisten verpackt. Das besorgen, wie auch bei anderen Flachglastypen, mit Saugnäpfen ausgerüstete Abhebe- und Verladevorrichtungen. Auch das Zuschneiden auf bestellte Kundenmaße kann ganz ohne menschliche Hilfe computergesteuert vor sich gehen.

Für die Beheizung der Kühlbahn dient meistens Gas, manchmal auch Heizöl oder elektrische Strahlungsheizung. Der Kühlofen ist in der Regel aus isolierendem Mauerwerk errichtet, verkleidet mit Blech. Zur Beschleunigung der Abkühlung legt das Glasband den letzten Teil des Weges auf offener Bahn zurück.

Verwendung von Gußglas
Gußglas wird eingesetzt, wo klare Durchsicht überflüssig oder nicht erwünscht ist. Es ist durchscheinend und hat je nach Dicke und Oberflächenstruktur eine Lichtdurchlässigkeit von etwa 50–80 %. Am häufigsten begegnet es uns in Fenstern von Sanitärräumen (Toiletten, Badezimmer, Waschräume), in Türen von Wohnräumen und Büros, bei der Verglasung von Industriebauten, Bahnhöfen und Aufzugschächten. Beliebt ist Gußglas des weiteren in Vordächern, zur Raumunterteilung, als Abgrenzung von Schaltern in Banken und Behörden und als Material zur Ausfüllung von Brüstungen. Auch als Tischplatte sowie für Innen- und Außenleuchten eignet sich Gußglas.

Gußglasarten
Nach seiner Erscheinungsform wird Gußglas in Rohglas, Ornamentglas, Profilglas, Gartenklarglas, Drahtglas und Drahtornamentglas unterteilt. Hinzu kommt farbiges Gußglas.

Rohglas
ist ein Gußglas mit glattgewalzten oder nur wenig gemusterten Oberflächen. Man kann es verwenden,

wenn es weder auf klare Durchsicht noch optisch ansprechende Gestaltung der Glasoberfläche ankommt.

Ornamentglas
Mit Hilfe von Form- und Prägewalzen können die Oberflächen von Gußglas mit beliebigen Mustern oder Dekoren versehen werden. Gemustertes Rohglas kann gehämmert, gerippt, feingerippt oder gerautet sein. Die andere Seite ist »feuerpoliert«, also nach dem Glattwalzen ohne weitere Behandlung erstarrt. Die Musterung kann ein- oder beidseitig sein. Die Ornamente erfüllen jedoch nicht nur den Wunsch nach Dekoration. Für lichttechnische Anwendung kommt es auf Musterungen mit besonderen Wirkungen (Streuung, Blendfreiheit) an. Die Dekornamen sind den Gußglashütten meistens rechtlich geschützt. Häufig läßt die Dekorbezeichnung einen Rückschluß auf die Art der Ornamentierung oder den Anwendungszweck zu: Wellenglas, Lichtstreuerglas, Butzenglas, Linienglas oder auch Firmenbezeichnungen wie Karolith oder Difulit. Bei figürlichen Musterungen spricht man beispielsweise von Rosenmuster.

Gartenklarglas
ist ein Gußglas mit genörpelter Oberfläche und lichtstreuender Wirkung für den Gartenbau. In Gewächshäusern und Frühbeeten sorgt es für gleichmäßige Streuung der einfallenden Licht- und Wärmestrahlung. Es ist nicht zu verwechseln mit sogenanntem Gartenblankglas, das eine Fensterglasart ist und demnach auf

einen anderen Erzeugungsprozeß zurückgeht.

Drahtglas
entsteht, wie bereits erwähnt, durch Einbetten von Drahtgeflecht in Gußglas. Das eingelegte Drahtmaterial kann aus Geweben mit 6 mm, punktgeschweißten Netzen mit 12,5 mm und sechseckigen Geflechten mit 25 mm Maschenweite bestehen. Gewöhnliches Drahtglas ist ein Rohglas, also bedingt durchsichtig. Es wirkt einbruch- und feuerhemmend. Daher begegnet es uns oft in Haustüren, Hallentoren oder Speichertüren, wo es behördlich zur Verwendung in feuerbeständigen Bauteilen zugelassen ist. Bei Zerstörung hält die Drahteinlage das Glas zusammen und gibt Sicherheit. Geborstenes Drahtglas kann nicht herunterfallen und verletzen (Türen, Aufzugschächte). Als Dachverglasung, vor allem in Fabrikbauten, hält es Belastungen (herabfallende Gegenstände, Eisbrocken oder Schnee) stand, auch wenn das Glas bereits gebrochen ist.

Drahtornamentglas
entspricht in Herstellung und Anwendung dem Drahtglas. Es unterscheidet sich davon durch die Musterung einer oder beider Oberflächen. Dekore gibt es in ähnlich reicher Vielfalt wie beim Ornamentglas ohne Drahteinlage. Praktische Bedeutung hat Drahtornamentglas immer dort, wo man die sichernden Eigenschaften nutzen will und zugleich eine dekorative Wirkung wünscht. Beim Innenausbau ist das fast regelmäßig der Fall.

Abb. 4.2: Kirchenfenster aus Dallglas

Abb. 4.3: Türgriffe aus Dallglas

Profilglas
ist ein U-förmig profiliertes Gußglas für den Hochbau. Profilglas kommt als endloser Glasstreifen mit beiderseits aufgebogenen Rändern aus der Maschine. Das Maß der Grundseite beträgt 23 bis 26 cm, die Schenkelhöhe liegt bei 4 bis 6 cm. Die Verlegung erfolgt in Metallrahmen, die einen U-förmigen Querschnitt haben. Die Fugen werden dauerelastisch abgedichtet. Es eignet sich zur ein- und zweischaligen Anwendung und wird zu Dachverglasung und Wänden für Industriebauten, Lagerhäuser, Treppenhäuser oder Hochgaragen benutzt.

Farbiges Gußglas
Manche Arten von Gußglas werden auch mit färbenden Zusätzen produziert. Ein Sortiment von mehr als 100 Farben bietet das sog. Dallglas (von franz. dalle = Fliese), das in Hafenöfen geschmolzen und von Hand zu Platten von etwa 25 mm Dicke gegossen wird. Diese werden in Spezialglaswerkstätten zur Anfertigung von Betonglasfenstern in Bruchstücke gewünschter Größe geteilt und nach dem Entwurf eines Künstlers auf eine Flächenzeichnung gesetzt. Die »Komposition« wird zunächst durch Stahlrahmen eingefaßt, dann gießt man die Zwischenräume mit Betongemisch aus. Fenster dieser Art haben vor allem im Kirchenbau Eingang gefunden. Dallglas wird ferner zu Türgriffen, insbesondere für Ganzglastüren, geformt.

Opakglas

Opak eingefärbtes Flachglas, ist für Licht völlig undurchlässig. Es ist ein auf der Vorderseite feuerpoliertes und auf der Rückseite geripptes Gußglas. Opakglas läßt sich schneiden, schleifen, bohren und mannigfach an der Oberfläche behandeln (Ätzen, Mattieren usw.). Gebräuchliche Farben sind weiß, schwarz, grün, grau und beige; auch gemaserte Opakgläser kommen vor.

Da Opakglas, wasser- und luftundurchlässig, den Untergrund nicht durchscheinen läßt, ist es ein vielseitig verwendbarer Wandbelag im Hochbau und Innenausbau sowie für Möbel und andere Einrichtungen (Ablagen, Ladentheken). Auf Wandfliesenformate zugeschnitten, wird Opakglas mit Hilfe von Mörtel oder Spezialklebern verlegt. Größere Abmessungen werden als witterungsbeständige Fassadenverkleidung an den Außenfronten von Gebäuden benutzt. Opakfliesen und -platten sind im Unterschied zu keramischen Fliesen oder Platten alterungsbeständig; Haarrisse, wie sie auf keramisch glasierten Oberflächen immer wieder auftreten, entstehen nicht. Wo es auf Hygiene ankommt, wie etwa in Operationssälen, Untersuchungslabors oder pharmazeutischen Betrieben, ist Opakglas sehr geeignet. Es ist gut beständig gegen Säuren und Laugen sowie unempfindlich gegen Temperaturänderungen und Frost.

Weil es bei der Verlegung besonderer Techniken bedarf, sind der Verwendung von Opakglas von der Kostenseite her Grenzen gesetzt.

Mit Opakglas eng verwandt ist Opalinglas. Es ist ein opakes Gußglas mit geschliffener und polierter Oberfläche. Sein Einsatzgebiet entspricht dem des Opakglases. Bei besonders hohen Ansprüchen an die Oberflächenbeschaffenheit erhält Opalinglas den Vorzug. Auch zu Schrifttafeln und Schildern wird es genutzt.

4.1.2 Fenster- und Spiegelglas

Nur unter großen Schwierigkeiten und erst nach jahrelangen Versuchen gelang es den Glastechnikern, Flachglas unmittelbar aus der Wanne zu ziehen. Bis 1900 wurde Fensterglas ausschließlich im Mundblasverfahren hergestellt. Dazu bliesen die Glasmacher große Zylinder, die dann längs aufgeschnitten und in einem Streckofen genannten Spezialofen unter mehrfachem Aufwärmen, Strecken und Bügeln sowie anschließendem Kühlen zu Fensterglastafeln verarbeitet wurden. Die ersten vergeblichen Bemühungen, Fensterglas durch Ziehen oder Heben des flüssigen Glases aus der Schmelze zu produzieren, reichen bis 1850 zurück.

Fourcault-Verfahren

1905 glückte es dem Belgier Fourcault zum ersten Mal, eine Glastafel unmittelbar aus der Glasschmelze zu ziehen. Die industrielle Verwendung seines Verfahrens war ab 1914 möglich. Wichtigste Voraussetzung dafür ist die Ziehdüse, ein auf dem flüssigen Glas schwimmender etwa 3 m langer Körper aus feuerfestem Material mit einem Schlitz. Wird er etwas in die

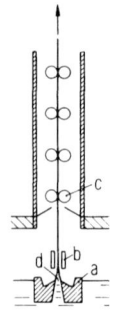

Abb. 4.4: Ziehen von Flachglas nach dem Fourcault-Verfahren
a Düse, b Kühlkästen, c Ziehwalzen, d Zwiebel

Libbey-Owens-Verfahren
Etwas später als Fourcault war der Amerikaner Colburn mit einem eigenen Verfahren zur Fensterglasproduktion erfolgreich. Mit Unterstützung der amerikanischen Gesellschaft Libbey-Owens wurde es weiterentwickelt und trägt seit dem Jahr seines industriellen Einsatzes (1917) deren Namen. Anders als bei Fourcault kennt das Prinzip von Colburn keine Ziehdüse. Das Glas wird mit einer Fangvorrichtung anfangs direkt aus der Wanne gezogen. Gleich danach wird das Glasband seitlich durch gekühlte Führungsrollen übernommen, die das Zusammenfließen verhindern. Nach einem Weg von etwa 70 cm läuft das gerade noch weiche Glasband über eine polierte Stahlwalze und wird in horizontale Richtung umgelenkt, um den 60 m langen Kühlkanal zu durchlaufen. Die Ziehgeschwindigkeit ist doppelt so hoch wie beim Fourcault-Verfahren. Libbey-Owens-Maschinen arbeiten mit bis zu zwei Arbeitskanälen, aus denen ununterbrochen, genau wie

Glasmasse eingedrückt, quillt das flüssige Glas aus dem Schlitz, wird vom Fangeisen aufgenommen und angezogen. Das zunächst unregelmäßig dicke Band oder Blatt wird nach dem Anlaufen gleichmäßig dick. Walzenpaare führen das erstarrte Glas etwa 7 m durch einen Kühlschacht senkrecht nach oben. Am Ende des Schachts tritt es abgekühlt und entspannt aus und kann zugeschnitten werden. Die Glasdicke ist um so größer, je kleiner die Ziehgeschwindigkeit eingestellt ist. An eine Fourcault-Wanne können bis zu neun Ziehdüsen nebst Kühlschächten angeschlossen werden. Ein Nachteil des Verfahrens sind die feinen Ziehstreifen auf der Glasoberfläche und die Neigung zur Kristallisation durch Einwirkung des Feuerfestmaterials der Ziehdüse.

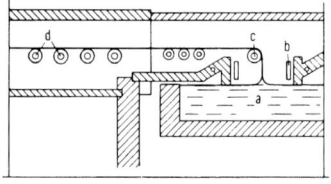

Abb. 4.5: Flachglasziehen nach dem Libbey-Owens-Verfahren
a Glasbad, b Kühlkästen, c Umlenkwalze, d Tragrollen im Zieh- und Kühlkanal

bei Fourcault, ein Glasband heraus-läuft.

Pittsburgh-Verfahren

Das von der amerikanischen Firma Pittsburgh Plate Glass Company entwickelte Fertigungssystem vereinigt die Vorzüge des Fourcault- und Libbey-Owens-Verfahrens miteinander. Es ist seit 1928 in Gebrauch. Hierbei wird das Glasband zunächst wie bei Fourcault senkrecht nach oben transportiert. Eine Ziehdüse ist dazu jedoch nicht vonnöten. Statt dessen wird an der Aushebestelle in der Glasschmelze ein Leitkörper aus Schamotte angebracht. Gekühlte Haltevorrichtungen in Form hohler Teller nehmen das Glasband in Empfang. Ihre schlitzförmigen Ausschnitte verhindern ein Zusammenschnüren des

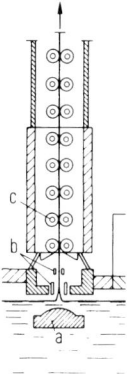

Abb. 4.6: Flachglasziehen nach dem Pittsburgh-Verfahren
a Ziehbarren, b Kühlbereich, c Ziehwalzen

Glases. Nach Passieren eines rund 12 m langen Kühlschachts folgt der Zuschnitt des fertigen Erzeugnisses. Die Vorteile des Pittsburgh-Verfahrens liegen in der hohen Produktionsgeschwindigkeit, dem raschen Übergang auf wechselnde Glasstärken und der guten Qualität.

Verwendung von Fensterglas

Fenster-, Tafel- oder Ziehglas (in der Praxis sind alle drei Bezeichnungen für das gleiche Produkt üblich) hat stets beiderseits »feuerblanke« oder »-polierte« Oberflächen, die nach Durchlaufen der Maschine keine weitere Behandlung erfahren haben. Es ist für das Bauwesen über einen langen Zeitraum hinweg die wichtigste Flachglasart gewesen, wird aber seit den sechziger Jahren weltweit zunehmend durch das sogenannte Floatglas ersetzt.

Fensterglas wird in verschiedene Dicken eingeteilt: Dünnglas 0,9 bis 1,6 mm, einfache Dicke (ED) 1,8 mm, mittlere Dicke (MD) 2,8 mm, doppelte Dicke (DD) 3,8 mm und Dickglas 4,5 bis 6,5 mm.

Dünnglas verwendet man zur Verglasung von Bildern, als Objektträger beim Mikroskopieren oder als Schutzglas für Geräte. Fensterglas der drei Dicken ED, MD, DD kommt hauptsächlich im Bauwesen vor. Dickglas wurde früher z.B. für Schaufenster oder als Tischplatte im Möbelbau verwendet. Fensterglas in schlechteren Qualitäten wird unter der Bezeichnung »Gartenblankglas« in Treibhäusern und Frühbeeten verwendet.

Spiegelglas

Lange Zeit war das geschliffene und polierte Spiegelglas das eigentlich hochwertige Flachglas. Seine hohe Qualität machte es für die Herstellung von Spiegeln besonders geeignet, weil dazu weitgehend verzerrungsfreies Glas benötigt wird. Auch als Ausgangsprodukt für die Flachglasveredelung dominierte Spiegelglas bis Mitte der sechziger Jahre in Deutschland und anderen Ländern mit hochentwickelten Glasindustrien. Durch die Einführung des Floatglasprozesses ist die alte Spiegelglasherstellung heute nahezu völlig aufgegeben, lediglich »weißes« Spiegelglas wird noch in Spezialglaswerken hergestellt (s. 4.3).

Zur Herstellung von Spiegelglas wurde Guß- oder Dickglas auf großen Tischen bzw. horizontalen Transportbändern mittels rotierender Scheiben mit Schleifmitteln grob- und feingeschliffen und anschließend mit Poliermitteln (Eisen- oder Ceroxid) blank poliert. Später wurden große Anlagen gebaut, in denen der Schleif- und Polierprozeß mittels des »Twinverfahrens« gleichzeitig und fortlaufend auf beiden Seiten der Glastafeln durchgeführt wurden.

4.1.3 Floatglas

Das Floatverfahren ist ein Ergebnis jahrelanger Versuche der englischen Firma Pilkington Brothers Ltd. in St. Helens/Lancashire und wurde 1959 erstmals vorgestellt.

Ursprünglich für die Spiegelglasherstellung gedacht, wurde das Floatverfahren in den 60iger Jahren auch für die Herstellung von Tafelglas verwendet, wo es die herkömmlichen vertikalen und horizontalen Ziehverfahren ablöste.

Heute existieren weltweit mehr als 120 Floatglasanlagen. In Deutschland befinden sich 9 Anlagen, 2 weitere sind im Bau.

Floatglasanlagen für die Tafelglasherstellung mit Tagesleistungen von 500–800 t verarbeiteten Kalk-Natron-Glas. »Mini-Floatanlagen« mit Tagesleistungen von 100–150 t produzieren qualitativ hochwertige Spezialgläser aus Kalk- Natron-Glas (z.B. KFZ-Verglasung).

1989 wurde erstmals über die Herstellung von ultradünnen Gläsern (Dicke 1,1 mm) aus alkalifreiem Glas auf einer »Microfloatanlage« (Tagesleistung ca. 20 t) durch die Fa. Asahi berichtet.

Die weltweit erste und bisher einzige Microfloatanlage für Borosilicatglas 3.3 (z.B. »Duran«) wurde 1993 im Jenaer Glaswerk (Schott) in Betrieb genommen (Tagesleistung 20–50 t).

Qualitativ hochwertiges Borosilicatglas aus Jena unter dem Markennamen »Borofloat« löste das bisher nach einem speziellen UP-DRAW-Verfahren hergestellte »Tempax«-Flachglas der Schott-Gruppe ab.

Float-Verfahren

Das Floatverfahren beruht auf der Tatsache, daß sich bei 2 untereinander nicht mischbaren Flüssigkeiten die spezifisch leichtere auf der spezifisch schwereren Flüssigkeit ausbreitet (»floatet«).

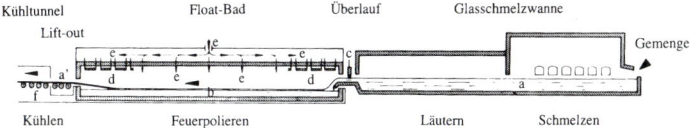

Abb. 4.7: Flachglasformung nach dem Float-Verfahren.
a Glasschmelze, a' Glasband, b flüssiges Zinn, c Regelschieber, d Elektroheizung, e Schutzgas, f Transportrollen

Unter Einwirkung der Schwerkraft und der Oberflächenenergie bildet sich eine völlig ebene Grenzfläche aus. Als spezifisch schwere Flüssigkeit, die zum Ausgießen der Glasschmelze geeignet ist, wird flüssiges Zinn verwendet (Schmelzpunkt 232 °C). Die Glasschmelze fließt auf der Oberfläche des flüssigen Zinns aus und stabilisiert sich hin zu einer Gleichgewichtsdicke. Die Gleichgewichtsdicke (abhängig von Oberflächenspannungen und Dichten der Flüssigkeiten) liegt bei Kalk-Natron-Glas bei ca. 7,5 mm.

Die aus der Schmelzwanne kommende Glasschmelze fließt über einen Lippenstein (SPOUT LIP) auf das Zinnbad auf, spreitet sich auf und wird auf die gewünschte Dicke gebracht.
Nachdem das Glasband (Ribbon) die gewünschte Feuerpolitur auf der Atmosphärenseite (Top Side) und der Badseite (Bottom Side) erhalten hat, wird es kontinuierlich von der Zinnoberfläche mit Lift-Out-Rollern abgezogen, in einem Rollenkühlofen entspannt und in der Schneidsektion konfektioniert.

Abb. 4.8: Floatglasanlage Weiherhammer der Flachglas AG

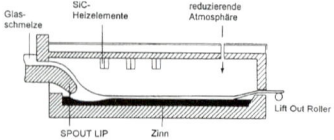

Abb. 4.9: Querschnitt eines Floatbades längs zur Ziehrichtung

Das Floatbad selbst besteht aus einem Stahlbassin (Bottom Casing) mit feuerfester Materialauskleidung zur Aufnahme der Zinnschmelze, einem Oberbau (Roof Casing) zur Aufnahme der Hängedecke und der Floatbadheizer aus SiC.

Im Floatbad ist eine reduzierende Atmosphäre erforderlich (6–12 % H_2, 88–94 % N_2).

Entstehende Verdampfungsprodukte aus dem Zinn und dem Glas werden kontinuierlich abgesaugt (Venting Out).

Die gewünschte Glasdicke kann präzise eingestellt werden durch die

Abb. 4.10: Microfloatanlage zum Floaten von Borosilicatglas
Jenaer Glaswerk GmbH

– Ziehgeschwindigkeit,
– Anzahl, Geschwindigkeit und Winkel der ASSIST ROLLER (Top Roll Maschinen),
– Leistungsverteilung der Floatbadheizer.

Je nach dem eingestellten Winkel transportieren die ASSIST ROLLER Glas nach außen (ADS-Methode) oder nach innen (RADS-Methode).

Mit Hilfe von ASSIST ROLLERN werden beim Floatverfahren Glasdicken von 0,4–15 mm erreicht.

Mit Hilfe der CARBON FENDER – Methode können Glasdicken von 15–28 mm gefloatet werden.

Die Carbon Fender verhindern das Aufspreiten der Glasschmelze auf der Zinnoberfläche.

Verwendung von Floatglas

Hauptanwendungsgebiet von Floatglas auf Kalk- Natron-Basis sind Verglasungen im Hochbau (Fenster, Türen, Fassaden).

Des weiteren bildet Floatglas die Basis für Sicherheitsglas, das hauptsächlich im Kraftfahrzeugbau und bei anderen Verkehrsmitteln Verwendung findet.

Auch Spiegel und veredeltes oder bearbeitetes Flachglas für die Innenarchitektur werden aus Kalk- Natron-Glas hergestellt.

1989 wurden bereits LOW- Alkali- und NON- Alkaligläser für elektronische Anwendungen auf einer Microfloatanlage hergestellt (Asahi).

Im Jenaer Glaswerk ist es erstmalig gelungen, ein chemisch hochresistentes Borosilicatglas vom »Duran«-Typ zu floaten. Dieses Glas zeichnet sich neben seiner hervorragenden Glasqualität durch eine geringe thermische Ausdehnung und eine dadurch bedingte hohe Thermoschockbeständigkeit aus. Dank seiner hervorragenden chemischen und thermischen Eigenschaften wird das unter dem Namen »Borofloat 33« gehandelte Glas bevorzugt in folgenden Bereichen eingesetzt:

– Haustechnik (Scheiben für Herde und Raumheizgeräte),
– Umwelttechnik (resistente Auskleidungen),
– Abwassertechnik,
– Beleuchtungstechnik,
– Feinmechanik, Optik.

»Borofloat 33« kann weiterhin als feuerbeständiges Glas »Pyran« im Baubereich eingesetzt werden. Aufgrund des niedrigen thermischen Ausdehnungskoeffizienten ($\alpha = 3{,}3 \cdot 10^{-6}$ K^{-1}) ist nur ein Teilvorspannen, jedoch nicht zu Sicherheitsglas, möglich. Aus diesem Grund wurde von Schott im Jenaer Glaswerk ein weiteres Glas (»Borofloat 40«) mit einem thermischen Ausdehnungskoeffizienten von $\alpha = 4{,}0 \cdot 10^{-6}$ K^{-1} entwickelt, welches die hohen Sicherheitsanforderungen, die an ein Einscheibensicherheitsglas gestellt werden, erfüllt. Dieses Brandschutzsystem ist im Handel unter dem Namen »Pyran S« erhältlich.

Tabelle 4.1 gibt einen Überblick der physikalisch-technischen Eigenschaften der gefloateten Borosilicatgläser im Vergleich zu Kalk-Natron-Glas.

In Abb. 4.11 und 4.12 sind die Fluoreszenz und die Transmission der »Borofloat«-Gläser im Vergleich zum Kalk-Natron-Glas dargestellt.

4.2 Andere Flachglas-Typen

Außer Guß-, Fenster-, Spiegel- und Floatglas gibt es eine Anzahl weiterer Flachgläser. Die meisten davon sind für ganz spezielle Anwendungen gedacht und stellen bei ihrer Herstellung hohe Anforderungen an die Technik. Deshalb rechnet man sie im allgemeinen zum Spezialglas, dem ein gesondertes Kapitel gewidmet ist. Im täglichen Gebrauch begegnen uns

Tab. 4.1: Physikalisch-chemische Eigenschaften im Vergleich

		»Borofloat 33«	»Borofloat 40« (vorgespannt)	Kalk-Natron-Floatglas
Dichte	[g/cm^3]	2,22	2,35	2,5
Wärmedehnung $\alpha_{20/300}$	[10^{-6}/K^{-1}]	3,3	4,0	9,0
E-Modul	[GPa]	63	69	72
Biegefestigkeit	[MPa]	25	120	30
Strahlungsdurchlässigkeit				
für $\lambda = 0{,}36$ bis 2,5 μm	[%]	84–90	84–90	75–90
Transformationstemperatur	[°C]	530	585	545
Temperatur bei 10^{13} dPas	[°C]	560	609	530
Temperatur bei $10^{7,6}$ dPas	[°C]	815	845	720
Temperatur bei $10^{4,0}$ dPas	[°C]	1270	1260	1030

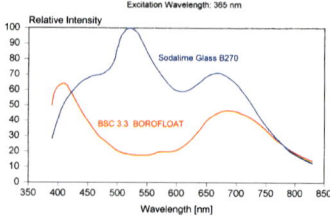

Abb. 4.11: Fluoreszenz im Vergleich

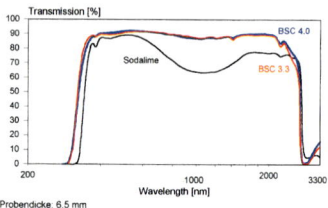

Probendicke: 6,5 mm

Abb. 4.12: Transmission im Vergleich

aber noch einige andere Flachgläser, die der Erwähnung bedürfen. Sie werden größtenteils von Glaswerken der Schott-Gruppe hergestellt.

Farbarmes Flachglas wird, wie bereits erwähnt, bei Verwendung sehr eisenarmer Rohstoffe erhalten. Besondere Bedeutung haben die Tafelgläser auf Borosilicat-Basis, die unter der Bezeichnung »Tempax« (Schott) und »Pyrex« (Corning, USA) auf dem Markt sind. »Tempax« wird im Floatverfahren hergestellt. »Pyrex« ist ein Walzglas. Die in Größen bis zu ca. 2 m² anfallenden Tafeln kommen überwiegend mit feuerblanker Oberfläche zum Einsatz, bei höheren Ansprüchen an die Planität werden sie nach konventionellen Methoden geschliffen und poliert.

Wegen der hohen Wärme- und Temperaturwechselbeständigkeit dieser Gläser (s. 5.1.2 c, 5.1.3 und 6.2) dienen sie hauptsächlich als Sichtscheiben an Öfen, Backherden, Waschmaschinen und dergleichen sowie als farblose Substratgläser für Heizscheiben mit elektrisch leitender Schicht, für Wärmefilter und -Spiegel.

Als völlig farbstichfreies Tafelglas ist ferner das weiße Spiegelglas der Spezialglas-AG in Grünenplan zu erwähnen. Dieses Glas, das in der Zusammensetzung mit Brillenglas identisch ist, wird wie klassisches Spiegelglas verarbeitet, d. h. geschliffen und poliert; außerdem werden daraus auch Folien in Stärken von 0,05–0,2 mm im Ziehverfahren hergestellt. Dünnes Deckglas für die Mikroskopie und andere Zwecke wird in ähnlicher Weise aus einer Alkali-Boro-Zink-Silicatschmelze gezogen. Diese Gläser sind jedoch in ihrer Temperaturwechselbeständigkeit den üblichen Flachgläsern gleichwertig.

Antikglas
Nicht immer ist Flachglas höchster Reinheit und Klarheit erwünscht. Beim Antikglas werden absichtlich die Merkmale vorindustriellen Flachglases hervorgerufen. Das sind die unregelmäßige Oberflächenstruktur und Blasen (Bläselung) im Glasinneren. Die Bläselung wird entweder durch unvollkommene Läuterung oder Einbringen gaserzeugender Substanzen in die Glasschmelze, kurz vor der Verarbeitung erreicht. Antikglas ist der Herstellung nach ein Fenster- oder Tafelglas. Es kann im ursprünglichen

Abb. 4.13: Tafeln aus Antikglas

oder antiken Verfahren aus mundge-
blasenen Zylindern gefertigt oder mit
der Maschine gezogen werden. Besitzt
nur eine Seite des Glases eine Oberflächenstruktur, heißt es Neuantikglas.
Diese Bezeichnungen haben sich eingebürgert, obwohl sie eigentlich sinn-
widrig sind. Denn im strengen Sinne
ist keines der Gläser »antik«, also alt,
sondern nur nach antikem Vorbild gefertigt. Wird Antikglas maschinell gezogen, haben die Tafeln auf der Oberfläche ein sich wiederholendes Muster,
das man Rapport nennt.
Beliebt ist Antikglas für Einrichtungen im rustikalen oder nostalgischen
Stil. Dann wird es, häufig unter Verwendung von Blei- oder Messingste-
gen, zur Verglasung von Möbeln oder
in Fenstern benutzt. In »altdeutsch«
eingerichteten Wohnräumen oder
Gaststätten ist Antikglas fast regelmäßig anzutreffen.
Von Neu- und Echtantikglas zu unterscheiden ist das sogenannte Guß-
antikglas. Dabei handelt es sich um
ein Gußornamentglas mit einer dem
Antikglas nachempfundenen Ober-
flächen-Ornamentierung.

Überfangflachglas
Nicht alle farbigen Gläser sind in der
Masse durchgefärbt. Wird ein farbloses Glas von einer farbigen oder ge-
trübten Glasschicht umgeben, spricht
man von Überfangen. Die Überfangtechnik wird bei Flachglas sowie bei
Hohlglas (Leuchtenabdeckungen,
Gebrauchs- und Ziergläser) angewendet. Im Bereich der technischen
Gläser wurde sie von Otto Schott
eingeführt.
Milchüberfangglas ist unter den
überfangenen Flachgläsern am bekanntesten. An die Stelle der früher
üblichen Mundblaserzeugung ist
heute ein automatisches Verfahren
getreten. Dabei wird aus einer Fourcault-Wanne wie beim Fensterglas
durch eine Ziehdüse ein endloses
Band aus farblosem Klarglas und
gleichzeitig aus einer daneben eingesetzten kleineren Wanne ein dünnes
Band aus Trübglas mit annähernd
gleichen thermischen Eigenschaften
gezogen. Wo das farblose Grundglas
aus dem Düsenschlitz tritt, findet die
Verschmelzung der beiden Glasbän-
der statt. Die erzielbare Gesamtdicke
des Glases beträgt zwischen 1,5 und
7 mm.
Gut geeignet ist Milchüberfangglas
zur gleichmäßigen, blendungsfreien
Raumausleuchtung durch Lichtdek-
ken, für durchscheinende Trennwände oder Fenster beispielsweise in
Sanitärräumen, für Ablagen in Vitrinen, Röntgenbildbetrachter oder als

Abb. 4.14: Milchüberfangglas für Leuchtkörper

Skalenuntergrund in technischen und medizinischen Meßgeräten.

4.3 Veredeltes Flachglas

Oft werden an Flachglas neben guter optischer Qualität (unverzerrter Durchsicht), Festigkeit und Beständigkeit gegen Witterungseinflüsse weitere Anforderungen gestellt, die durch Änderung der Zusammensetzung des Glases nur unzureichend oder überhaupt nicht zu erfüllen sind. Dies gilt vor allem für die Gebäudeverglasung, wo Eigenschaften wie Wärmedämmung, Licht- und Schallschutz sowie erhöhte Bruchsicherheit eine wesentliche Bedeutung haben. Ein besonderes Sicherheitsbedürfnis besteht ferner beim Einsatz von Flachglas in Fahrzeugen. Schließlich können Flachgläsern durch Oberflä-chenbehandlung stark veränderte optische sowie dekorative Eigenschaften verliehen werden. All dies geschieht im Wege der industriellen Veredelung von Flachglas.

4.3.1 Gläser mit veränderter Strahlungs-, Wärme- und Schalldurchlässigkeit (Sonnenschutz/Kälteschutz/Schallschutz)

Einfaches Bauglas hat für direkte Sonnenstrahlung einen Gesamttransmissionsgrad von (je nach Glasdicke) 75 bis 90 % (vgl. Tabelle 4.2), der bei Einfallswinkeln von ~40° an wegen des ansteigenden Reflexionsgrades mehr und mehr abfällt. Für den Wärmeübergang durch Glas sind außerdem stets die von der Temperaturdifferenz zwischen Innen- und Außenraum abhängige Wärmeleitung durch das Glas sowie die thermische Abstrahlung in den kühleren angrenzenden Raum maßgebend. Diese beiden Eigenschaften werden durch die Wärmeübergangszahl k gekennzeichnet, die angibt, welche Wärmemenge pro m^2 und Sekunde bei 1 °C Temperaturunterschied durch die Scheibe(n) hindurchgeht, und in W/m^2K (= 0,86 kcal/m^2h grd.) gemessen wird. Sie ist je nach Größe und Lage der Fenster mitbestimmend für den Energieverbrauch und hat Einfluß auf die raumklimatische Behaglichkeit der Innenräume. Vorteilhafte Änderungen der Strahlungs-Transmission und des k-Wertes von Flachglas können auf verschiedene Weise erreicht werden, wobei im wesentlichen 3 Produktgruppen zur Anwendung kommen:

1. Mehrscheiben-Verbunde,
2. Gläser mit erhöhter Licht- und Infrarotabsorption oder -streuung,
3. Flachglas mit veränderten Oberflächeneigenschaften.

In vielen Fällen werden auch Systeme eingesetzt, bei denen Kombinationen solcher Produkte realisiert sind.

In Gruppe 1 haben die weitaus größte Bedeutung die Isoliergläser. Sie bestehen aus zwei (oder auch drei) Scheiben, die entweder direkt miteinander an den Kanten verschweißt[1] oder mittels geeigneter Metallprofile durch Kleben oder Löten so verbunden sind, daß der Zwischenraum zwischen den Gläsern (ca. 9 bis 12 mm) gasdicht abgeschlossen ist. In die Abstandshalterung werden bei der Herstellung Trockenmittel eingebracht; dadurch wird bei witterungsbedingten Temperaturschwankungen ein Beschlagen der Scheiben an den innenliegenden Flächen vermieden. Die Wärmeleitung der eingeschlossenen Luft – an deren Stelle mitunter auch Gase, z. B. Argon, von besonders niedriger Wärmeleitfähigkeit eingefüllt werden – ist in dem engen Zwischenraum erheblich behindert. Der k-Wert beträgt daher bei 2-Scheiben-Isolierglas aus 6 mm dicken Scheiben mit 12 mm Luftzwischenraum nur 3,1 W/m²K anstelle von 5,6 bei Einscheibenverglasung.

Moderne Wärmeschutzscheiben erreichen bis 1,2 W/m²K. Die höhere Isolierwirkung wird durch Aufdampfen einer sehr dünnen Silber- oder Zinnschicht auf der nach außen ge-

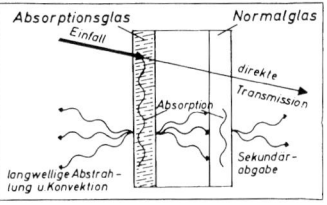

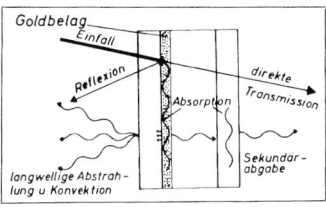

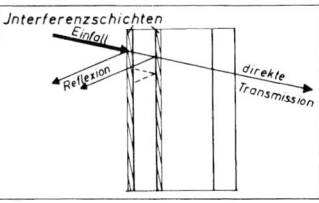

Abb. 4.15: Strahlenteilung durch Sonnenschutz-Isolierglas mit absorbierenden und reflektierenden Scheiben

richteten Seite der inneren Scheibe bewirkt. Eine weitere Verbesserung des k-Wertes ergibt die Einfüllung eines Edelgases in den Glaszwischenraum. In Extremfällen wurden bis zu 0,7 W/m²K und unter Berücksichtigung der Sonnenwärmeeinstrahlung sogar ein Wärmegewinn erreicht.

Isoliergläser bieten auch Vorteile hinsichtlich des Schallschutzes von Fenstern gegen Straßenlärm. Die

1 sog. Ganzglas-Doppelscheiben

Schalldämmung eines Fensters wird in Dezibel gemessen. Diese Größe drückt aus, um wieviel Phon sich der »Schallpegel« beim Durchgang von der Außenseite eines Fensters zur Innenseite vermindert. In der Praxis erreicht man bei einem Einfachfenster eine Schalldämmung von ca. 25 Dezibel, bei Isolierglas aber von 30 bis 40 Dezibel. Lauter Straßenlärm wird dadurch etwa auf die Hälfte gedämpft. Allerdings hängt die Wirksamkeit von Isolierglas im Einzelfall noch von anderen Faktoren ab, und zwar namentlich vom Einfallswinkel und der Frequenz (Schwingungszahl) des Schalls.

Unter den in Gruppe 2 angeführten Flachgläsern mit erhöhter Absorption haben insbesondere Gläser mit Zusatz von zweiwertigem Eisenoxid größere Bedeutung dadurch erlangt, daß sie für das nahe Infrarot nur wenig durchlässig sind. Von der einfallenden Sonnenstrahlung wird daher besonders der Wärmestrahlenanteil mit dem Wellenbereich von 0,7 bis 2,5 µm absorbiert. Da die Absorption schon oberhalb 0,6 µm stark ansteigt, nimmt das durchgehende weiße Licht eine deutliche Grünfärbung an, die durch Zusatz weiterer absorbierender Komponenten etwas ausgeglichen werden kann. Der k-Wert des Glases wird dagegen durch die Absorptionseigenschaften nicht merklich beeinflußt. Das Glas erwärmt sich durch Sonnenbestrahlung bis zu einer Temperatur, bei der die Wärmeabgabe an die Umgebung ebenso groß ist wie die Energieaufnahme durch die absorbierte Strahlung. Bei

der Verglasung von Gebäuden liefern solche Gläser daher nur einen beschränkten Sonnenschutz, während sie z. B. in Fahrzeugen wegen der Kühlung durch den Fahrtwind weit wirksamer sind. Zur Verwendung im Hochbau müssen diese Gläser thermisch vorgespannt werden (siehe 4.3.4), da sonst die Gefahr besteht, daß sie bei ungleichmäßiger Bestrahlung der Fensterfläche, z. B. durch Halbschatten, infolge lokaler Spannungen zu Bruch gehen. Ähnliche Probleme bestehen auch bei anderen getönten Flachglastypen, wenn sie zur Gebäudeverglasung eingesetzt werden.

Zur Dämpfung der Helligkeit großer Fenster sind hauptsächlich grau- und bronzefarbig getönte Gläser entwickelt worden; daneben sind auch spezielle gelb gefärbte Lichtschutzgläser am Markt, die für UV und kurzwelliges Blau undurchlässig sind, um das Bleichen von Stoffen, Gemälden etc. zu verhindern.

Bei Doppelscheiben, die mittels einer dazwischenliegenden Kunststoffolie verbunden sind, kann eine Verminderung der Strahlungstransmission auch durch Einlagerung absorbierender Stoffe im Folienmaterial erreicht werden. Nach diesem Prinzip können beispielsweise Windschutzscheiben von Fahrzeugen eine nach oben zunehmende Einfärbung als Blendschutz erhalten. Auch UV-Strahlung kann besser mittels einer eingebetteten UV-absorbierenden Folie ausgeschaltet werden als durch gefärbtes Glas. Die Hauptbedeutung der Folienverbundgläser liegt aber in ihrer

Verwendung als Sicherheitsglas (siehe auch 4.3.4). Stark lichtstreuende undurchsichtige Doppelscheiben werden durch Einlegen von Glasfasern zwischen zwei Scheiben gefertigt, die am Rand wie Isolierglas abgedichtet sind. Ein spezieller Vorteil dieses Produkts ist die gute Wärmeisolierung.

Zahlreiche Möglichkeiten zur Veränderung der Strahlungs- und Wärmedurchlässigkeit von Glas bieten sich in Gruppe 3 an. Mittels der Dünnschichtentechnik zur Belegung von Großflächen ist es gelungen, die Reflexions- und Absorptionseigenschaften an der Glasoberfläche so zu verändern, daß die Forderungen der Energieeinsparung und der Optimierung raumklimatischer Bedingungen weitgehend erfüllt werden können. Zum Sonnenschutz wird normales Flachglas mit metallischen und/oder oxidischen Schichten so belegt, daß bei ausreichender Lichtdurchlässigkeit die wärmewirksame solare Strahlung hochgradig (etwa zu 40 bis 60 %) reflektiert wird. Der Effekt beruht teils auf der hohen Reflektivität von Edelmetallen, teils auf Interferenzvorgängen an hochbrechenden Schichten, deren Dicke meist bei ¼ der mittleren Wellenlänge der Strahlung liegt. Die Schichten werden hauptsächlich entweder durch Verdampfung oder Kathoden-Zerstäubung (Sputtern) im Vakuum oder durch Tauchen in bzw. Besprühen mit Lösungen und Einbrennen aufgebracht. Im Vakuum auf Glas niedergeschlagene Edelmetallschichten benötigen wegen unzureichender me-

Abb. 4.16: SAT. 1 in Mainz mit Sonnenreflexionsglas »Calorex«

chanischer Resistenz meist einen Schutzbelag von hoher Abriebfestigkeit. Dazu eignen sich u. a. spezielle Aufdampfgläser auf der Basis von Borosilicat- und Calcium-Alumosilicatglas (Schott), die im Vakuum, durch Elektronenstrahlenbeschuß verdampft, festhaftende Schutzschichten liefern. Auch Methoden der stromlosen Metallisierung (s. 4.3.3) kommen bei der Herstellung von Sonnenschutzbelägen zur Anwendung. In den meisten Fällen werden die beschichteten Scheiben mit einer unbelegten zu Isolierglas kombiniert. Die Kühllast klimatisierter Gebäude kann dadurch wesentlich verringert werden.

Zur Verstärkung des Kälteschutzes, d. h. zur Verminderung des k-Werts von Fenstern, tragen dünne transparente Oberflächenschichten ebenfalls in erheblichem Maße bei, wenn sie eine hohe Elektronenleitfähigkeit aufweisen, wie es bei Edelmetallen sowie bei einigen oxidischen Halbleitern (Zinnoxid, Indiumoxid) der Fall ist. Man erreicht dies bei den genannten

Oxiden sowohl mit Vakuumverfahren als auch durch Niederschlagen von dampfförmigen oder flüssigen Ausgangsverbindungen und gleichzeitige bzw. anschließende Erhitzung des Glases. Die Schichten ergeben bei einer Lichtdurchlässigkeit über 70 % einen Reflexionsgrad bis zu 90 % für das Infrarotgebiet, so daß die thermische Abstrahlung des Glases auf ca. $\frac{1}{5}$ bis $\frac{1}{10}$ des normalen Werts abfällt und damit die k-Zahl beträchtlich verkleinert wird.

Anstelle einer Beschichtung der Glasscheiben selbst geht man aus Kostengründen auch in steigendem Maße auf entsprechend beschichtete Folien über, die meist an einer Innenfläche der Scheiben aufgeklebt werden. Bisher werden dazu fast ausschließlich zum Sonnenschutz metallisierte Folien (mit Al, Ag oder Au) verwendet, deren Lichtdurchlässigkeit meist unter 50 % liegt. Für die Beschichtung der Folien kommen praktisch nur Vakuumverfahren in Betracht, die für die Bandbedampfung besonders wirtschaftlich sind und keine wesentliche Temperaturerhöhung erfordern.

4.3.2 Entspiegelte Gläser

Bei Betrachtung von Gegenständen hinter Glas wie Bildern, Vitrinen, Meßinstrumenten oder dergleichen stört häufig die Spiegelung des Lichts an der Scheibe, die bei senkrechtem Lichteinfall rund 8 % des einfallenden Lichtstroms ausmacht und bei schrägem Einfall stark ansteigt. Sie läßt sich auf verschiedene Weise weitgehend beseitigen: durch Feinätzung (»Seidenmattierung«) der Oberfläche, wodurch die spiegelnde Reflexion in eine diffuse übergeht; oder durch Entspiegelung mittels Interferenzschichten mit definierten Brechzahlen und Dicken, die entweder nach üblichen Methoden aufgebracht oder durch Auslaugeprozesse erzeugt werden. Die seidenmattgeätzten Gläser eignen sich zur Verglasung von Bildern und dergleichen nur bei direkter Auflage, da sonst der Kontrast durch den mit dem Abstand von der Platte schnell zunehmenden Streueffekt zu sehr beeinträchtigt wird. Weit verbreitet ist ihre Anwendung als »Anti-Newton-Glas« für die Diaprojektion, wobei die mattierte Fläche die Entstehung der Newtonschen Interferenzfarben beim Kontakt mit dem Diafilm verhindert. Auslaugeverfahren sind mit gutem Erfolg nur bei einigen Spezialgläsern einsetzbar und werden daher bisher nur vereinzelt genutzt, so z.B. zur Entspiegelung großer Blöcke von Strahlenschutzgläsern (siehe 6.7.4) sowie von optischen Gläsern, die die Laserstrahlen extrem hoher Leistung ausgesetzt werden (siehe 6.7.2). Normales Flachglas wird dagegen nach einer Schott-Entwicklung in Tafeln bis zu einigen m² im Tauchverfahren beidseitig mit einer Dreifach-Interferenzschicht belegt, wodurch der Reflexionsgrad für Tageslicht visuell auf rund $\frac{1}{10}$ des Normalwertes gesenkt wird. Diese Beläge werden nach dem Sol-Gel-Verfahren hergestellt (s. S. 48) Da der Belag keine merkliche Absorptions- und Streuverluste aufweist, ist die Reflexionsverminderung mit einer Erhöhung der Lichtdurchlässigkeit um den gleichen Betrag verbunden. Dieser Effekt spielt bekanntlich eine erhebliche Rolle bei optischen Systemen, z. B. Photoobjektiven; die Entspiegelung wird hier durch Bedampfung im Vakuum durchgeführt, wie bei der Entspiegelung und Helligkeitsdämpfung von Brillengläsern.

4.3.3 Verspiegeltes Flachglas

Zur Herstellung von Spiegeln ist hochwertiges, fehlerfreies Flachglas notwendig, das dem Betrachter ein naturgetreues, unverzerrtes Abbild vermittelt. Floatglas erfüllt diese Voraussetzungen bei mäßigen Kosten am besten.

Spiegelherstellung
Die gewaschenen Glastafeln werden auf der zu verspiegelnden Seite zunächst mit einer Zinnchlorürlösung behandelt, um den Versilberungsprozeß durch Aktivierung der Glasoberfläche zu erleichtern. Dann werden eine aus Silbernitrat, Ammoniak, Ätznatron oder -kali und destilliertem Wasser bestehende Silberlösung und eine Reduktionslösung auf Basis gelösten Traubenzuckers – beides zusammen bildet die eigentliche Versilberungslösung – auf die Glasoberfläche gespritzt. Durch das Reduktionsmittel werden die Silberkeime ausgefällt, verbinden sich mit dem Zinn der Vorbehandlung und bilden auf dem Glas einen festen feinkristallinen Silberfilm. Diese Schicht ist,

wenn sie eine Dicke von einem halben µm erreicht hat, schon undurchsichtig. Im allgemeinen läßt man die Silberschicht bis auf mindestens 0,01 mm anwachsen. Dann wird nach ähnlichen Verfahren eine Kupferschicht auf das Silber niedergeschlagen. Nach Trocknung des Belags folgt eine zweifache Schutzlackierung. Sämtliche Arbeitsgänge laufen heute in modernen Anlagen vollautomatisch am Fließband ab. Bei älteren Verfahren wurde die Versilberungslösung aufgegossen (Aufgußverfahren) oder durch ständiges Überspülen mit dem Glas verbunden (Schaukelverfahren).

Die stromlose Metallisierung von Glas im Naßverfahren ist auch mit Gold und Kupfer in ähnlicher Weise durchführbar. In stark reduzierenden (vorzugsweise hypophosphithaltigen) Bädern gelingt es sogar, Metalle der Eisengruppe, insbesondere Nikkel, und ihre Legierungen mit Kupfer als Spiegel niederzuschlagen. Der damit erreichbare Reflexionsgrad für weißes Licht liegt i. a. unter 50 %. Solche Verfahren werden in den USA auch zur Belegung von Sonnenschutzfensterglas eingesetzt. Hierzu eignen sich sehr dünne Niederschläge mit 15 bis 30 % Lichtdurchlässigkeit und 40 bis 25 % Reflexionsgrad, wobei der restliche Strahlungsanteil größtenteils in der Schicht absorbiert wird.

Verwendung von Spiegeln
Der größte Teil der Spiegelproduktion geht in den Wohnbereich. Sanitärräume sind regelmäßig mit Spie-

geln ausgestattet (Badezimmer, Toiletten). Die Möbelindustrie baut Spiegel vor allem in Schlafzimmerausstat-
tungen ein. Zu dekorativen Zwecken
kommen unter anderem verspiegeltes
Gußglas, auch farbig, und getönte
Spiegel vor. Von Antikspiegeln wird
gesprochen, wenn der Belag absichtlich rissig, also alt erscheinend, ist.
Mit Hilfe ganzer Spiegelwände werden im Innenausbau von Gesell-
schaftsräumen raumvergrößernde
Wirkungen erzeugt. Rückblickspiegel
in Fahrzeugen begegnen uns tagtäg-
lich und tragen mit zur Sicherheit im
Verkehr bei. Durch Auftragen mehrerer Oxid-Schichten im Tauchverfahren entstehen sogenannte Interferenz-
Halbspiegel zur Herstellung von
blendarmen Rückblickspiegeln und
von teildurchlässigen Spionspiegeln
zur Beobachtung von hellen Räumen
aus einem dunklen. Selbstbedie-
nungsgeschäfte werden nicht selten
auf diese Weise überwacht.
Als z. Zt. bester Kraftfahrzeug-
Außenspiegel gilt ein von der Desag
(Schott) entwickelter asphärisch ge-
bogener, blendarmer Rückspiegel. Er
bietet einen Blickwinkel von 48°
(Planspiegel haben 16°) und eine Re-
duzierung der Blendwirkung auf
45–35 Prozent, ohne die Helligkeit
der im Spiegel erkennbaren Objekte
wesentlich zu vermindern. Erreicht
wird dies über einen etwa zwei Drittel der Spiegelfläche konstanten Radi-
us, der erst im äußersten Drittel kontinuierlich abnimmt und durch eine
vorderseitige Verspiegelung mit verschiedenen Metalloxidschichten, die
bei ca. 400 °C eingebrannt werden.

Abb. 4.17: Blendarmer asphärischer
Autorückspiegel mit Weitwinkelef-
fekt gegen den »toten Winkel«

Bei der Nutzung der Sonnenenergie
dienen Spiegel in verschiedenen Aus-
führungen auch als Sonnenkollekto-
ren.
Zur Herstellung von »Kaltspiegeln«
werden mindestens 12 Interferenzschichten mit abwechselnd hoher und
niedriger Brechzahl auf temperatur-
beständigem Glas niedergeschlagen,
die so bemessen sind, daß nur das
sichtbare Licht hochgradig reflektiert, Wärmestrahlung dagegen
durchgelassen bzw. absorbiert wird.
Die chemischen Reduktionsverfah-
ren eignen sich nur für die rückseitige
Verspiegelung von Glas, da die Beläge ohne dichten Schutzüberzug

nicht genügend haltbar sind. Für optische Spiegel wird daher zur Vermeidung des störenden Doppelreflexes von der Glas-Frontseite entweder diese selbst mittels stabiler Aufdampfschichten verspiegelt oder die Vorderseite entspiegelt.

Sonstige Techniken der Oberflächenveredelung von Flachglas
Manche Verfahren der Oberflächenbehandlung von Flachglas sind von modischen Trends abhängig. Lange Zeit waren etwa Eisblumenmuster beliebt. Dazu wird Flußsäure auf die Glasoberfläche aufgegossen und schnell wieder abgewaschen. Da die Säure das Glas nicht gleichmäßig angreift, entstehen eisblumenähnliche Muster. Gleiches wird durch Auftragen von Leim auf Mattglastafeln erreicht. Der trocknende und schrumpfende Leim reißt beim Abspringen feine Glasflächen mit, die ein Eisblumenmuster hinterlassen.
Durch Ätzen mit Flußsäure kann Flachglas in verschiedenen Abstufungen mattiert werden. Mattglas wird im Innenausbau und auch in Fenstern, die undurchsichtig sein sollen, benutzt.
Mit Hilfe von Sandstrahlen kann die Glasoberfläche gleichmäßig aufgerauht oder mattiert werden. Befestigt der Veredeler vorher Schablonen auf der Glasoberfläche, bleiben die darunter liegenden Glasschichten beim Sandstrahlen erhaben stehen und bilden figürliche oder abstrakte Dekorationen.
Eine Fortentwicklung dessen ist das Gravieren von Flachglas mit der biegsamen Welle. Hierbei wird ein kleines Schleifrad über eine bewegliche Übertragungswelle angetrieben, um freihändig die gewünschten Konturen auf das Glas zu übertragen.

4.3.4 Sicherheitsglas/Brandschutzglas

Wie jedermann aus täglichem Umgang weiß, bricht Flachglas oft schon bei geringer mechanischer Belastung wie Schlag oder Stoß sowie unter dem Einfluß schnell wechselnder Temperaturen. Die dabei entstehenden Splitter können schwere Verletzungen hervorrufen. Durch spezielle Nachbehandlung von Flachglas lassen sich Bruchempfindlichkeit und Verletzungsgefahr erheblich herabsetzen. Das Resultat der Veredelung wird als Sicherheitsglas bezeichnet.

Vorgespanntes Glas
Bei der Herstellung werden die fertig zugeschnittenen Glastafeln hängend oder liegend einer Vorrichtung zugeführt, in der sie an der Oberfläche rasch bis etwa 150° über die Transformationstemperatur (s. 4.2) aufgeheizt werden. Sofort danach wird das Glas durch ein seiner Form angepaßtes Düsensystem mit kalter Luft angeblasen. Infolge des raschen Abkühlens der Glasoberfläche wird diese in einem aufgeweiteten Gitter eingefroren, während sich das Glasinnere langsam abkühlt und Zeit hat, sich stärker zusammenzuziehen. Da Oberfläche und Inneres des Glases miteinander verbunden sind, entsteht

in der Oberflächenschicht eine Druckvorspannung und im Inneren eine Zugvorspannung. Der Vorgang selbst heißt thermisches oder physikalisches Vorspannen von Glas, das fertige Erzeugnis vorgespanntes Glas oder Einscheibensicherheitsglas. Die Höhe der Druckvorspannung ist abhängig von der Wärmeausdehnung, dem Elastizitätsmodul und der Transformationstemperatur des Glases sowie der Höhe des Wärmeüberganges zwischen Kühlmedium und Glasoberfläche und der Dicke des Glases. Es wird meist eine Druckvorspannung von 80 bis 120 MPa angestrebt. Somit steigt die Biegefestigkeit auf den doppelten bis dreifachen Wert von nicht vorgespanntem Glas. Wird thermisch vorgespanntes Sicherheitsglas durch Schlag oder Stoß, beispielsweise beim Autofahren durch ein Steinchen oder einen Unfall, verletzt, dann zerfällt es in viele kleine, fast regelmäßige Glasstücke ohne scharfe Ränder. Die Größe der Glaskrümel läßt sich beim Härten des Glases im voraus bestimmen. Das ist für die Windschutzscheibe eines Kraftfahrzeuges wichtig, um für den Ernstfall die Sichtbehinderung des Fahrers in Grenzen zu halten. Manchmal sind Einscheibensicherheitsgläser für Windschutzscheiben auch mit sogenannten Sichtinseln ausgerüstet, die in größere Krümel zerfallen als das übrige Glas. Sie gewähren bis zum Auswechseln der zerstörten Scheibe verhältnismäßig gute Durchsicht. Für die Festigkeitsprüfung von Einscheiben-Sicherheitsglas gibt es mehrere DIN-Vorschriften.

Abb. 4.18: Autoglasdach aus vorgespanntem Sicherheitsglas

Üblicherweise wird gefloatetes Kalk-Natron-Silicatglas thermisch vorgespannt, um in Kraftfahrzeugen verwendet zu werden. Einscheibensicherheitsglas wird in der Regel von den großen Flachglasfirmen gefertigt, die das Rohglas selbst erzeugen. Vorgespanntes Glas wird häufig im gleichen Arbeitsgang auch noch gebogen, weil in den Autos Front- und Heckscheiben regelmäßig, die Seitenfenster oft gewölbt sind. Die Biegung muß vor der Vorspannung erfolgen, da diese bei der Biegetemperatur verschwinden würde. Im Hochbau begegnet man vorgespanntem Flachglas in Form von Glastüren, Zwischenwänden, Liftverglasungen oder an Treppengeländern. In diesen Fällen ist auch Gußornamentglas beliebt, wenn klare Durchsicht unerwünscht ist. (Die Möglichkeit der Verarbeitung von Sicherheitsgläsern zu Isolierglas ist schon in 4.3.1 erwähnt.) Zur Verkleidung der Fassaden großer Gebäude werden die Brüstungsflächen oft aus dekorativen Gründen mit vorgespannten Flachglasscheiben bedeckt, die auf der Rückseite mit ei-

ner farblich angepaßten Emaille-
schicht belegt sind. Dazu werden die
Scheiben vor dem Einfahren in den
Vorspannofen mit Emaillefritte be-
stäubt, die beim Aufheizen zum Vorspannen schmilzt und sich dabei fest
mit der Glasoberfläche verbindet, ohne den Vorspannprozeß zu beein-
trächtigen. Man erzielt damit neben
der dekorativen Wirkung auch eine
erhöhte Beständigkeit gegen Wetter-
einflüsse. Auf dem Hausgerätesektor
werden vorgespannte Gläser als
Druckträger für Sensortastenfelder
(Touch-Control-Technik) eingesetzt.
Bedienteile von Wasch- und Ge-
schirrspülmaschinen, Elektroherden,
Fernsehgeräten, Aufzügen usw. werden dadurch komfortabler. Dem Pro-
duktdesign eröffnen sich größere ge-
stalterische Freiräume.

Thermisch gehärtete Gläser kann
man nicht mehr bearbeiten. Deshalb
müssen sie vor dem Vorspannen bereits auf ihr endgültiges Maß zugeschnitten sein. Gleiches gilt für Bohren und Kantenbearbeitung. Für das
Anbringen von Beschlägen, Schloß
und Klinken an Glastüren ist das besonders wichtig.

Chemische Vorspannung

Das chemische Vorspannen von Glas
ist dadurch gekennzeichnet, daß eine
Druckvorspannung in der Glasoberfläche durch Änderung ihrer Zusammensetzung gegenüber dem Glasinneren erreicht wird. Otto Schott
gelang es schon 1891, hochfestes Glas
durch Überschichten von Glas hoher
Wärmeausdehnung mit Glas niedriger Wärmeausdehnung herzustellen,

ein Verfahren, wie es ähnlich auch
heute bei der Erzeugung von Tischgeschirr und Milchüberfangglas angewandt wird. Die Methode des chemischen Vorspannens beruht auf
Ionenaustausch. Die Ionen der einzelnen chemischen Elemente haben
verschiedene Radien und sind in unterschiedlichen Abständen zueinander angeordnet. Heizt man nun beispielsweise ein natriumhaltiges Glas
in einer Kaliumsalzschmelze langsam
bis nahe an die Transformationstemperatur auf, dann wandern die Natriumionen aus dem Glas in die Salzschmelze und die Kaliumionen aus
der Salzschmelze in die Glasoberfläche. Das nennt man Ionenaustausch.
Da die in das Glas eindringenden K-
Ionen einen um ca. 30 % größeren Io-
nenradius besitzen, entsteht in der
Glasoberfläche eine Art von »Platz-
mangel«, der die Druckspannung bewirkt. Die Austauschzone muß eine
Dicke von mindestens 0,1 mm erhalten, um eine Festigkeitssteigerung auf
das 5–8fache zu erreichen.

Durch Ionenaustausch gehärtete
Gläser werden für besondere Anforderungen gebraucht, so in der Flug-
zeugindustrie, für Zentrifugengläser
und im Beleuchtungssektor sowie
auch zur Vorspannung von Brillengläsern.

Verbundglas

oder »Mehrscheibensicherheitsglas«
besteht aus zwei oder mehr Scheiben
(in der Regel Floatglas), die durch
eine zähelastische Zwischenschicht
aus Kunststoff miteinander verbunden sind. Die feste Verbindung der

Gläser geht in einem Autoklav genannten Druckbehälter unter gleichzeitigem Aufheizen vor sich, in den die vorbehandelten Scheibenpakete hineingefahren werden.

Bei Zerstörung von Verbundsicherheitsglas bleiben die Bruckstücke an der reißfesten Folieneinlage haften. Die Splitter lösen sich nicht, und die zerbrochene Scheibe bleibt durchsichtig.

Im Unterschied zu vorgespanntem Sicherheitsglas kann man Verbundglas nachträglich bearbeiten. Es läßt sich zuschneiden, bohren und kantenbearbeiten.

Im Hochbau findet Mehrscheibensicherheitsglas Einsatz in Fenstern, wenn sie ein- und ausbruchshemmend sein müssen oder Explosionsschutz erwünscht ist, in Brüstungen, Trennwänden und Dächern. Man unterscheidet zwischen durchwurf-, durchbruch-, durchschuß- u. sprengwirkungshemmenden Gläsern. In manchen Ländern ist die Benutzung von Verbundglas für die Windschutzscheiben in Kraftfahrzeugen gesetzlich vorgeschrieben; sie ist darüber hinaus für diesen Zweck auch ohne staatliche Vorschrift weit verbreitet. Als Schutzglas kommt es an Maschinen, Instrumenten und Fernsehgeräten vor. Darüber hinaus gibt es einige Sonderformen von Verbundglas, die zu erwähnen sind.

Panzerglas
Es besteht aus wenigstens vier Scheiben und ist mindestens 25 mm dick. Solche Gläser gelten als beschußfest gegen Handfeuerwaffen. Beschußsicher ist Panzerglas ab einer Dicke von 60 mm. Kassenräume, Bankschalter, Juwelierläden oder Spezialtransportfahrzeuge können mit Panzerglas versehen sein.

Abb. 4.19: Schußversuch am Panzerglas

Draht-Verbundglas
Davon spricht man, wenn zur Erhöhung der Sicherheit Stahlfäden zwischen die Scheiben eingebracht worden sind.

Alarmglas
ist gewissermaßen eine Weiterentwicklung von Draht-Verbundglas. In die Zwischenschicht sind 0,1 mm dicke Drähte eingelegt, die einen Stromkreis bilden. Bei Zerstörung des Glases wird der Stromkreis unterbrochen und damit gleichzeitig Alarm ausgelöst.

Heizglas durchsichtig
ist immer dann von Nutzen, wenn Beschlagen und Eisbildung vermieden werden sollen. Das kann der Fall sein in Fahrzeugen bei Front- und

Heckscheiben, in Kontrolltürmen von Flughäfen, in Blumengeschäften, Kühlhäusern oder Hallenbädern. Um jene Wirkung zu erzielen, sind zwei Vorrichtungen anwendbar. Entweder wird die Zwischenfolie mit kaum sichtbaren Heizfäden belegt, die sich nach Anschluß an eine Stromquelle erwärmen, oder das Glas wird mit einer transparenten elektrisch leitenden Schicht versehen, welche das Aufwärmen übernimmt.

Heizglas undurchsichtig

Klares oder getöntes Floatglas wird rückseitig mit Leitsilber, auf der Vorderseite, nach Wunsch, dekorativ bedruckt. Beim Vorspannen des Glases (siehe 4.3.4) brennen sowohl das Leitsilber als auch die Spezialdruckfarbe des Dekors in das Glas ein. Der so in die Glasoberfläche integrierte Leitsilberstromkreis kann anschließend mit einem Schutzüberzug aus keramischer oder Lackfarbe überzogen werden. Spezielle Lötpunkte gestatten später ein müheloses Anbringen von Kontaktdrähten. Die Leistungsaufnahme kann bis 500 Watt pro $0,1\,m^2$ gehen, über 250 Watt pro $0,1\,m^2$ ist jedoch ein Thermostat notwendig, der die Oberflächentemperatur auf max. 200 °C begrenzt. Bei Dicken zwischen 4 und 8 mm sind Plattenformen bis $1\,200\times800\,mm$ möglich (Schott Durax ›beheizbar‹).

Hauptanwendungsgebiete sind Warmhalteplatten im Haushalt, in Selbstbedienungsrestaurants und Kantinen, Einbau in Servierwagen und Küchenarbeitsplatten, dekorative Heizelemente im Bad usw.

Antennenglas

Auch hierfür sind zwei Verfahren bekannt. Einmal wird in der Zwischenschicht der Windschutzscheibe ein dünner Draht bestimmter Länge und Form eingelegt. Zum anderen besorgt die Antennenfunktion ein an der Glasoberfläche auf der Fahrzeuginnenseite eingebrannter Leitsilberfaden.

Eingefärbtes Verbundglas

Im Hochbau und in Fahrzeugen werden sowohl vollflächig wie auch teilweise eingefärbte Verbundgläser eingesetzt. Träger der Farbgebung sind die Folien zwischen den Scheiben. Sie können wärmedämmend, UV-Strahlen-absorbierend, reflektierend und als Blendschutz wirken (s. 4.3.1).

Verbundglas in Verbindung mit anderem Glas

Das Verletzungsrisiko wird geringer, wenn das Innenglas einer Verbundglasscheibe dünner ist (z.B. nur 1,5 mm). Demselben Zweck dient es, auf der Innenseite vorgespanntes Glas zu benutzen. Soll Sicherheit mit Schall- und Wärmeschutz kombiniert werden, wird Verbundglas mit normalen Scheiben oder wieder mit weiterem Verbundglas zu Isolierglas verarbeitet. Sehr dünne Verbundgläser werden auch in Schutzbrillen, Sichtschutzgläsern von Schutzhelmen und Vollsichtmasken eingebaut, weil sie im Vergleich zu Kunststoff nicht kratzempfindlich sind.

Da sich grundsätzlich die verschiedensten Flachglasarten zu Isolierglas kombinieren lassen, gibt es in der

Praxis zahlreiche Anwendungsmöglichkeiten, bei denen mehrere Typen
veredelten Flachglases vereinigt sind.
Isolierglas aus Sicherheitsglas begegnet uns beispielsweise in Eisenbahn-
wagen, mitunter auch in Verbindung
mit Sonnenschutzglas. Pförtnerhäu-
ser, vor allem an gefährdeten Objek-
ten, können mit Isolierglas aus Sicherheitsglas ausgestattet sein, das
unter Umständen schußfest ist.
Zwecks guter Übersicht großflächig
verglast sind die Kontrolltürme der
Flughäfen. Ein erträgliches Raumkli-
ma sichert den Fluglotsen Sonnenschutzglas in den Isolierscheiben.

Gläser für Brandschutz-Verglasungen
Die zunehmende Verwendung von
Glas im Hochbau (z. B. für Fassaden-
gestaltung, Brüstungselemente, Dä-
cher, Türen und Trennwände) bringt
erhöhte Gefahren bei Ausbruch eines
Brandes mit sich. Übliche Flachgläser
springen bei einseitiger Hitzeeinwirkung in kurzer Zeit, großflächige
Bruchstücke fallen heraus, und durch
Feuerüberschlag in die nächste Etage
oder andere Räume droht eine rasche
Ausbreitung des Brands. Bisher gab es
nur ein Mittel, womit der Zusammen-
bruch von Glasscheiben durch Feuer
längere Zeit verhindert werden kann,
nämlich die Einlage eines Drahtge-
flechts in 6–8 mm dicke Scheiben, die
dadurch auch nach dem Bruch im Ge-
füge festgehalten werden.
Wie andere Baumaterialien werden
auch Brandschutzverglasungen entsprechend ihrem Verhalten im international festgelegten Brandtest den
Feuerwiderstandsklassen G und F

Abb. 4.20: Brandschutzglas wider-
steht dem Feuer, ohne zu zerspringen

zugeordnet. Nach DIN 4102 Teil 13
(ISO 834) werden Verglasungen, die
bei diesem Test den Flammen- und
Brandgasdurchtritt mindestens 30
bzw. 60, 90 oder 120 Minuten verhindern, den Klassen G 30 bzw.G 60,
G 90 und G 120 zugeteilt.
Analog gelten die Klassen F 30 bzw.
F 60, F 90 und F 120 für Verglasungen, die den Durchtritt von Hitze-
strahlung mindestens 30 bzw. 60, 90
und 120 Minuten verhindern und auf
der dem Feuer abgekehrten Seite im
Mittel sich um nicht mehr als 140 °C
über die Anfangstemperatur erwärmen.
Nach dieser Klassifikation gehört das
oben erwähnte Brandschutzglas mit
Drahteinlage und Betonrahmen für
Größen unter 2 m² der Klasse G 60
an. Die Einsatzmöglichkeiten sind

aus optischen Gründen hauptsächlich auf Trennwände, Türen, Oberlichter und dergleichen beschränkt.

Neuere Entwicklungen betreffen Brandschutzgläser, die drahtlos und daher auch für den Fensterbau geeignet sind. »Pyran S« (Schott) ist ein thermisch vorgespanntes Sicherheitsglas, dem bei 1,6 m × 3,0 m Fläche die Klasse G 60, bei 2,0 m × 1,0 m die Klasse G 90, bei 1,0 m × 1,0 m die Klasse G 120 amtlich bestätigt wurde.

Durch die hohe Vorspannung zerfällt es bei Bruch in kleine Krümel und erfüllt somit auch die Anforderungen an Sicherheitsglas. Von mehreren Flachglasherstellern wurden ferner Mehrscheibenverglasungen auf den Markt gebracht, bei denen die Füllmasse im Brandfall aufschäumt und dadurch als Hitzeschild wirkt. Sie gehören den Klassen F 30 bis F 90 an. Ein Vertreter hiervon ist »Pyranova« (Schott).

5. Hohlglas und Glasrohr

5.1 Hohlglas

Die am weitesten verbreiteten Glaserzeugnisse gehören zum Bereich des Hohlglases. Produkte aus Hohlglas sind im täglichen Leben allgegenwärtig. Sie sind im weitesten Sinne Verbrauchsgüter, wenn man an Getränkeflaschen, Gebrauchsgüter, wenn man an Trinkgläser oder Glasleuchten denkt.

Der ganz überwiegende Teil von Hohlglas wird aus Kalknatronglas gefertigt. Ausnahmen bilden Kristallglas und Bleikristall und eine Anzahl verschiedener Gläser für besondere Zwecke.

Veredelung und Verarbeitung von Hohlglas sind ihrerseits bedeutende Fertigungsgebiete, die vielfältige Produkte hervorbringen. Ihr Ausgangsmaterial ist in der Hütte erzeugtes Hohlglas.

Die wichtigsten Arten von Hohlglas
Der große Sektor Hohlglas läßt sich nach mehreren Gesichtspunkten unterteilen. Einer davon ist das Herstellungsverfahren. Auf diese Weise entstehen die Gruppen mundgeblasen, maschinengeblasen und gepreßt, um die wichtigsten zu nennen.

Des weiteren kann von den chemisch-physikalischen Eigenschaften des Glases ausgegangen werden. Die Folge sind beispielsweise Gruppierungen wie Flaschenglas, halbweißes Hohlglas, Kristallglas, Bleikristall und so fort.

Am gebräuchlichsten und für Konsumenten wie Industrie am sinnvollsten ist aber die Unterscheidung nach dem Verwendungszweck. Auch die Statistiker in aller Welt teilen die Gläser nach diesem Merkmal ein.

So gelangt man schließlich zu Behälterglas (Getränkeflaschen, Konservenglas, Medizin- und Verpackungsglas), Wirtschaftsglas (Trinkgläser und andere Glaswaren für Tisch, Küche und Haus) und Bauhohlglas (Glasbausteine usw.); medizinisch-technisches Hohlglas sowie Lampenglas fallen dagegen überwiegend unter die Gruppe der Spezialgläser (Abschn. 6) und werden daher dort besprochen.

Alle diese Hohlglasarten sollen hier im einzelnen vorgestellt werden. Da jedoch bei manchen von ihnen die gleichen Fertigungsverfahren üblich sind, soll der folgende Abschnitt zunächst diesem Thema gewidmet sein.

5.1.1 Formgebung

Die ersten bekannten Hohlglaskörper wurden zu ägyptischer Zeit durch Überschichten eines Formkerns aus Sand mit zähflüssiger Glasschmelze gefertigt (siehe Abb. 1.1).

Der eigentliche Beginn der Herstellung von Hohlglas ist jedoch erst mit der Erfindung der Glasmacherpfeife um 200 v. Chr. anzunehmen. Die Technik des Glasformens mit der Pfeife hat sich bis auf den heutigen

Tag in weiterentwickelter Form erhalten. Selbst die Funktionsweise moderner Blasautomaten leitet sich, wenn auch kaum zu erkennen, von der manuellen Technik des Glasmachers ab.

Mundblasverfahren
Die Glasmacherpfeife ist ein ca. 1,5 m langes Stahlrohr mit einem hölzernen Griff und einem Mundstück an einem Ende. Das andere Ende bildet die »Nabel« genannte Aufweitung, die durch Eintauchung in die zähflüssige Glasschmelze einen Glasposten aufnimmt. Durch Drehen und Schwenken der Pfeile wird ein Abtropfen des anhaftenden Glases verhindert, während dieses abkühlt. Je nach benötigter Glasmenge kann der Glasposten erneut in die Schmelze getaucht und weiteres Glas aufgenommen werden.

Abb. 5.2: Glasmacher beim Wulgern

Eisenplatte beeinflußt werden, wobei gleichzeitig die Oberfläche des Glaspostens durch Abkühlung immer zäher wird.

Bei der nachfolgenden Rückerwärmung im Ofen unter Drehen und Schwenken der Pfeile erzielt man einen Ausgleich der im Külbel entstandenen Temperaturunterschiede, bevor der Artikel seine endgültige Gestalt erhält.

Das Fertigblasen geschieht bei sehr individuellen Hohlkörperformen völlig frei, nur unter Verwendung gewisser Hilfsmittel wie Walkholz, Zange etc. Häufiger jedoch wird in eine Form geblasen, was die Herstellung einer Vielzahl gleicher Hohlkörper ermöglicht.

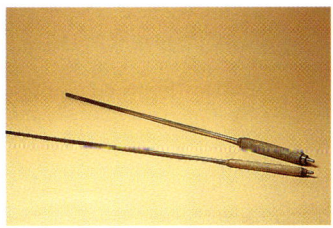

Abb. 5.1: Glasmacherpfeifen

Durch kurzes Einblasen in die Pfeife entsteht ein erster Hohlkörper, das Külbel. Seine äußere Gestalt kann durch Wälzen (Wulgern) in einem ausgehöhlten und mit Wasser getränkten Buchenholz oder auf einer

Ursprünglich aus in Wasser getränktem Buchenholz gefertigt, finden auch Graphitformen Verwendung sowie für die Herstellung größerer Serien Gußeisen. Letztere werden auf der Innenseite mit einer aus Sägespänen und einem Bindemittel bestehenden Masse »gepastet«. Diese Schicht wird eingebrannt und vor jeder Benutzung der Form mit Wasser getränkt. Die Lebensdauer der Paste be-

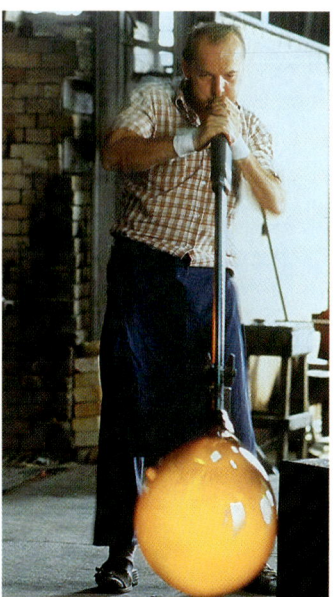

Abb. 5.3: Fertigblasen einer freien Form

Das Anheften und Formen eines weiteren Glaspostens zu Henkel oder Stiel und Fuß, das Abschlagen von der Pfeife, das Eintragen in den Kühlofen und das Abtrennen der Blaskappe sind weitere Arbeitsgänge, bevor ein gebrauchsfähiges Hohlglas entsteht.

Abb. 5.4: Ansetzen eines Henkels

trägt etwa 500 Arbeitsvorgänge; sie muß dann erneuert werden, während die Lebensdauer der Metallform selbst praktisch unbegrenzt ist.

In den wassergetränkten Formen bildet sich im Kontakt mit dem gedrehten Glas ein trennendes Dampfpolster aus, das durch verlangsamte Abkühlung ein gleichmäßiges und dünnwandiges Ausblasen des Hohlkörpers ermöglicht. Es entsteht eine brillante Oberfläche, ähnlich der bei freiem Ausblasen, wie sie sonst von keinem anderen Formgebungsverfahren erreicht wird.

Die einzelnen Arbeitsgänge der handwerklichen Hohlglasherstellung werden von spezialisierten Fachkräften ausgeführt, an deren körperliche Konstitution, manuelles Geschick und künstlerische Begabung zum Teil höchste Anforderungen gestellt werden. So ist es verständlich, daß nur noch Gebrauchsgläser für hohe Ansprüche (z. B. Kelchgläser) und technische Artikel mit geringen Stückzahlen oder schwierigen Formen durch eine ständig geringer werdende Zahl von Glasmachern handwerklich gefertigt werden. Die geringen Kosten der aus unserem täglichen Leben nicht wegzudenkenden Vielzahl von Hohlgläsern (etwa Getränkeflaschen oder Glühbirnen) werden erst durch eine automatisierte Fertigung in hohen Stückzahlen ermöglicht.

Maschinelles Blasen

Die Entwicklung maschineller Herstellungsverfahren führte 1903 durch Michael Owens zum ersten Blasautomaten und ist heute noch nicht abgeschlossen.

Zunächst wurden Flaschen (Verpackungsglas) automatisch hergestellt. Wegen der geringen Ansprüche an die Oberflächenqualität konnte auf die Pastung verzichtet werden, was eine schnellere Wärmeabfuhr und somit eine höhere Maschinenleistung ermöglichte. Die Stückleistung pro Stunde und Fertigform stieg so von 17,5 auf ca. 90 und liegt bei den modernen Automaten sogar bei 900 und mehr. Einige Jahre später gelang es dann auch, das Drehform-(Paste-Mould-)Verfahren zu automatisieren.

Bei allen automatischen Blasverfahren und Maschinen finden wir wie bei der Handfertigung nach Bildung des Glaspostens die drei Grundschritte:

1. Das Vorformen (Bildung des Külbels); 2. die Rückerwärmung (Ausgleich von Temperaturunterschieden); 3. das Fertigblasen. Die heute gebräuchlichen Maschinentypen lassen sich trotz ihrer Vielfalt doch in drei Typen einordnen:

1. Kontinuierlich drehende Rundläufer, die zum Teil bei der Behälterglasproduktion und überwiegend für Paste-Mould-Fertigung Verwendung finden.

2. Nebeneinandergestellte komplette Sektionen mit unabhängigem Antrieb wie die IS-Maschine[1], die im Behälterglas(-Festblas)-Bereich dominiert.

3. Der Ketten- oder Bandtyp, der bei der Herstellung von Lampenkolben nach dem Paste-Mould-Verfahren vorherrscht.

Abb. 5.5: IS-Reihenmaschine

Im folgenden sind die wichtigsten Blasverfahren kurz beschrieben. Einige sind zwar heute technisch überholt, werden aber in kleineren Marktsegmenten immer noch betrieben.

Saug-Blasen

Zu dieser Gruppe gehört z. B. die Maschine von Owens. Der Glasposten wird durch die Vorform aus der Oberfläche der Glasschmelze abgesaugt und mit einer automatischen Schere abgeschnitten. Ein in die Form ragender Pegel erzeugt einen Hohlraum im Glas, der nach Öffnen der Vorform während der Rückerwärmung durch Blasen vergrößert wird. Zum Ausblasen schwenkt das am Mündungshalter gefaßte Külbel in die Fertigform. Diese Produktions-

---

1 IS-Maschine = Maschine mit in Serie angeordneten Formen.

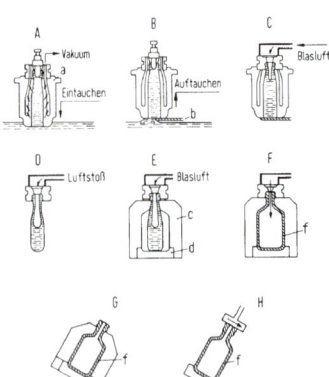

Abb. 5.7: Im Blas-Blas-Verfahren produziertes Behälterglas

Abb. 5.6: Ablauf der Hohlglas-Herstellung in einer Saug-Blas-Maschine. a Vorform, b Messer, c Fertigform, d Bodenform, f fertige Flasche
A) Aufnehmen des Glases durch Eintauchen in das Glasbad und Ansaugen, B) Abschneiden des Glases, C) Anschließen der Preßluft, D) Vorblasen, Wiedererhitzen und Längen, E) Einbringen in die Fertigform, F) Fertigblasen, G) Abwerfen der Fertigform und Abkühlen, H) Abnahme der fertigen Flasche.

methode wurde mit dem Aufkommen der Tropfenspeiser durch das Blas-Blasen verdrängt.

Blas-Blasen
Der von einem Tropfenspeiser gebildete längliche Glastropfen fällt in die Vorform und wird von unten gegen den aufgesetzten Vorformboden geblasen. Der weitere Ablauf entspricht dem Saug-Blasen.
Neben den Blas-Blasen hat sich das

Preß-Blasen als modernste Entwicklungsstufe eingeführt. Zum Teil läßt es sich durch Umrüstung auf den gleichen Maschinen praktizieren.

Preß-Blasen
Auf der Vorformstation wird das Külbel nicht durch Blasen, sondern mit einem durch den Mündungshalter eingeführten Pegel gepreßt. Dieses Verfahren läßt wegen der stärkeren Abkühlung des Külbels höhere Produktionsraten zu und erlaubt vor allem wegen der besser beherrschbaren Glasverteilung die Herstellung dünnwandiger Glasbehälter, wie z.B. Leichtgewichtsflaschen.
Bei sehr engen Mündungsdurchmessern werden allerdings noch nicht alle mechanischen und thermischen Probleme beherrscht. Beide bisher beschriebenen Verfahren ergeben eine Oberflächenqualität und Wanddicke, die für eine Reihe von Glasprodukten nicht akzeptiert wird; diese Produkte

sind dem automatischen Paste-Mould-Prozeß vorbehalten.

Drehform-(Paste-Mould-)Verfahren
Die Bildung des Glaspostens ist sowohl durch Saugen als auch durch Tropfspeisen möglich. Der eingesaugte oder durch kurzes Vorpressen eines Speisertropfens gebildete linsenförmige oder schon als Hohlkörper vorgeformte Glasposten wird von einem Metallring gehalten, auf den sich ein Blaskopf aufsetzt. Einige Blasstöße bewirken zusammen mit der Schwerkraft schon eine gewisse Längung des Külbels, bis sich die wassergetränkte Pasteform schließt und unter gegenseitiger Drehung von Glas und Form das Fertigblasen beginnt. Der mit dem Haltering und dem Blaskopf in Berührung gekommene Teil des erstarrten Glases ist, ähnlich wie die Blaskappe der Handfertigung, nicht brauchbar und muß abgetrennt werden.
Neben den Blasverfahren sind noch einige weitere bedeutende Verfahren zur Formung von hohlen Glaskörpern bekannt.

Pressen
Im Gegensatz zum Blasen steht beim Pressen der Glasposten allseits mit dem metallischen Formenwerkstoff in Berührung. Die Preßform besteht in der Regel aus drei Teilen, nämlich der (Hohl-)Form, dem in die Form mit einem der gewünschten Glasdicke entsprechenden Spalt passenden Stempel und dem den Austritt zwischen Stempel und Form abdichtenden Deckring.

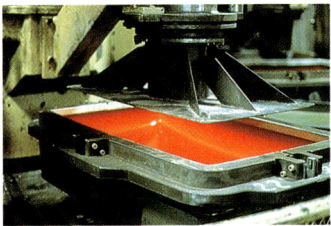

Abb. 5.8: Automatisches Pressen von Fernsehbildschirmen

Zum Pressen wird ein Tropfen in die Form eingespeist und vom pneumatisch oder hydraulisch durch den Deckring eingeführten Stempel so weit ausgepreßt, bis das gesamte Volumen zwischen den Formteilen der eingespeisten Glasmenge entspricht. Nach der Erstarrung wird der Stempel wieder herausgezogen. Übliche Preßautomaten bestehen aus Drehtischen mit 4–20 oder mehr aufgesetzten Formen, die schrittweise über Lade-, Preß-, Kühl- und weitere Bearbeitungsstationen zur Entnahmestelle transportiert werden.
Typische Preßartikel sind z.B. feuerfeste Haushaltsglaswaren, Becher, Beleuchtungskörper und Glasteile von Fernseh-Bildröhren.

Strangpressen
Für Gläser mit einer steilen Viskositätskurve und Gläser mit erhöhter Kristallisationsneigung eignen sich auch Strangpreßverfahren zur Herstellung von maßgenauen Formteilen. Beliebig geformte Voll- und Hohlprofile mit scharfkantigen Querschnitten können so für den industri-

ellen Bedarf wirtschaftlich hergestellt werden. Die Methode des Verbundstrangpressens ermöglicht es ferner, zwei oder mehrere Gläser gleichzeitig zu verpressen und auf diese Weise z. B. Ummantelungen mit chemisch resistenten Gläsern zu fertigen.

Schleudern
Dieses Formgebungsverfahren ist noch recht jung und wenig bekannt. Es beruht auf dem Effekt, daß sich in einer rotierenden Flüssigkeit eine Oberfläche in Form eines Rotationsparaboloids, der Schleuderparabel, und damit ein Hohlraum bildet. Zur Anwendung wird ein recht dünnflüssiger Glasposten in eine Stahlform eingepreßt und diese dann in Drehung mit einer geeigneten Drehzahl versetzt. Bei hoher Drehzahl wird die Schleuderparabel sehr steil und entspricht nahezu einem Zylinder. Ist das Glas durch Abkühlung erstarrt, so wird die Rotation abgebremst und der Glasartikel entnommen. Schleuderartikel sind z. B. die im Chemie-Anlagenbau eingesetzten Kolonnenteile aus Borosilicatglas bis zu einem Durchmesser von 1 m. Auch von der Drehsymmetrie abweichende Körper wie Trichter von Fernseh-Bildröhren sowie eine Reihe von Produkten des Bereichs Hauswirtschaftsglas und technische Gläser werden zum Teil durch Schleudern hergestellt.

5.2 Glasrohr

5.2.1 Formgebung

Das Glasrohr gehört zwar nicht unmittelbar in den Produktbereich Hohlglas, es soll aber doch hier erwähnt werden, da seine kaum noch praktizierte manuelle Fertigung sich aus dem Blasen ableitet und ein bedeutender Anteil der Rohrproduktion zu Glasbehältern wie Ampullen, Fläschchen, Leuchtstoffröhren etc. verarbeitet wird.

Das gebräuchlichste Verfahren zur kontinuierlichen Rohrherstellung ist nach seinem Erfinder Danner (1912) benannt. Auf ein leicht schräg gestelltes, langsam rotierendes Tonrohr, die Danner-Pfeife, läuft ein kontinuierlicher Strang von Glasschmelze auf. Am tieferen Ende der Pfeife wird das Glas unter Bildung der »Ziehzwiebel« abgezogen, wobei durch Zuführung von Luft durch die Hohlwelle der Pfeife ein Hohlraum entsteht. Nach Umlenken in die Horizontale durchläuft das erstarrende Rohr eine Rollenbahn bis zur Ziehmaschine, hinter der durch Thermoschock eine Trennung in ca. 1,5 m lange Abschnitte erfolgt. Die Leistung einer solchen Maschine kann 3 m Rohrlänge pro Sekunde und mehr betragen.

Sonstige Rohrziehverfahren
Das Vello-Verfahren entspricht in seiner Bedeutung dem Danner-Verfahren und erreicht eine vergleichbare Leistung. Das Glas läuft nach unten aus dem Schmelzaggregat durch die

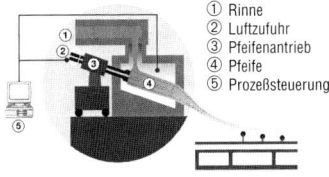

① Rinne
② Luftzufuhr
③ Pfeifenantrieb
④ Pfeife
⑤ Prozeßsteuerung

Abb. 5.9 a: Rohrziehen nach dem Danner-Verfahren

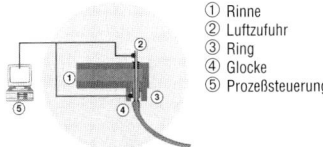

① Rinne
② Luftzufuhr
③ Ring
④ Glocke
⑤ Prozeßsteuerung

Abb. 5.9 b: Rohrziehen nach dem Vello-Verfahren

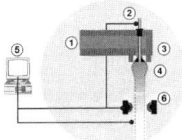

① Rinne
② Luftzufuhr
③ Ring
④ Glocke
⑤ Prozeßsteuerung
⑥ Vakuumkammer

Abb. 5.9 c: Rohrziehen nach dem A-Zugverfahren

Ziehdüse aus, wobei der Hohlraum durch eine Pfeife mit konischer Öffnung in der Düse geformt wird. Das noch weiche Rohr wird waagerecht umgelenkt und wie beim Danner-Verfahren über eine Rollenbahn abgezogen, gekühlt und zugeschnitten.
Eine Variante der Vello-Methode zieht das Glas gleichfalls nach unten ab, wobei das austretende Glas von einem Vakuumtopf umgeben ist, dessen Durchbruch mittels einer Iris-

blende (das ist ein Verschluß, der sich auf verschieden große kreisrunde Öffnungen einstellen läßt) abgedichtet wird. Mit Zielgeschwindigkeiten, die im Vergleich zu den anderen Rohrherstellungsverfahren gering sind, können heute Rohre mit Durchmessern bis ca. 450 mm produziert werden.
Werden für spezielle Anwendungen, wie Abfüllmaschinen und Strömungsmesser, Rohre mit ganz geringen Maßabweichungen (Toleranzen) gebraucht, erreicht man dies durch zonenweises Aufschrumpfen von erhitztem Rohr auf einen Stahldorn mit dem verlangten Kaliber unter Teilvakuum (»KPG-Verfahren« Schott).
Je nach Weiterverwendung bzw. Verarbeitung des Rohrs werden zu seiner Herstellung verschiedene Glasarten herangezogen. Kalknatronglas genügt für Leuchtstoffröhren oder Kleinlampen, Elektronenröhren verlangen z. T. hochisolierendes Bleiglas, in der Pharmazie ist chemisch beständiges Glas erforderlich und in der chemischen Industrie und Technik häufig Borosilicatglas.

5.3 Weiterverarbeitung von Hohlglas und Glasrohr

Unter Hohlglasverarbeitung werden alle Arbeitsgänge verstanden, bei denen aus vorgeformtem Rohglas ein neuer Gegenstand erzeugt wird. In der Regel geschieht das durch Verformung unter Einwirkung von Hitze. Glasrohr aller Art ist häufig Ausgangsprodukt für Waren der Hohlglas verarbeitenden Industrie.

Abb. 5.10: Glasbläser vor der »Lampe«

Blasen vor der Lampe
So heißt das handwerkliche Verfahren bei der Hohlglasverarbeitung. Die »Lampe« ist ein Gasgebläse, das zusammen mit dem Bunsenbrenner zum Erwärmen des Rohglases dient. Je nach Glasart benötigt der Glasbläser – der nicht mit dem aus der Glasschmelze arbeitenden Glasmacher in der Hütte zu verwechseln ist – Temperaturen zwischen 600 und 1700 °C. Welche Werkzeuge er benutzt, hängt vom herzustellenden Produkt und der zu verarbeitenden Glassorte ab, die weich oder hart bzw. leicht oder schwer schmelzbar sein kann. Glasschneidemesser, Auftreiber, Rollbock, Quetscher, Pinzetten und Meßwerkzeuge sind die wichtigsten Hilfsmittel des Glasbläsers.
Glasinstrumente und Glasapparate sind typische Erzeugnisse aus Glasrohr, die sowohl vom Glasbläser vor der Lampe geblasen werden, bei großen Stückzahlen aber auch halbautomatisch oder vollautomatisch gefertigt werden. Zu nennen sind etwa Glasgegenstände aus der ärztlichen und tierärztlichen Praxis, wie z. B. In-

jektionsspritzen, Geräte zur Blutentnahme und -senkung, Pipetten und vieles mehr. Ferner sind Instrumente und Apparate zur Druck- und Strömungsmessung von Gasen und Flüssigkeiten, zur Viskosimetrie, Elektrochemie und Wasserdestillation zu erwähnen. Auch in Betrieben der Lebensmittelindustrie und in Molkereien gibt es Glasinstrumente und -apparate für die vielfältigsten Zwecke wie Säureprüfer oder Volumenmeßgeräte. In Laboratorien begegnen uns Kühler, Retorten, Büretten, Tropfzähler, Abscheider und Analysengläser. Eine wichtige Gruppe für sich ist die Thermometrie: Thermometer für die Krankenpflege (Fieberthermome-

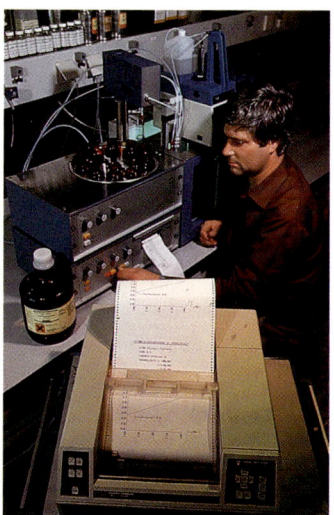

Abb. 5.11: Computergesteuertes Verdünnungsviskosimeter

Abb. 5.12: Lampengeblasenes Kunstglas von Kurt Wallstab

ter), für die Industrie, im Haushalt und für die Wissenschaft. Zunehmende Bedeutung gewinnt das Blasen vor der Lampe in der Glaskunst.

Industrielle Hohlglasverarbeitung
Die pharmazeutische Industrie braucht für die Abfüllung ihrer Erzeugnisse riesige Mengen an Ampullen, Trinkampullen, Fläschchen und Tablettenröhrchen, die im Wege der Verarbeitung aus Glasrohr hergestellt werden. Damit sie die Hochleistungs-

Abb. 5.13: Fertigung von Fläschchen für die Pharmazie

Abfüllautomaten der pharmazeutischen Fabriken problemlos durchlaufen können, müssen sie exakt und maßgenau in präzise arbeitenden Automaten erzeugt sein. Neuerdings kann man auch in großer Zahl benötigte einfache Glasinstrumente mittels teilautomatisierter Prozesse herstellen, zumal dann, wenn sie genormt sind. Glastrichter sind ein Beispiel dafür.

Isoliergefäße
Hinter dieser meist nur dem Fachmann in Industrie und Handel geläufigen Bezeichnung verbirgt sich ein nützliches Gebrauchsgut, das praktisch in jedem Haushalt vorkommt: die Thermosflasche. Ihr Bauprinzip beruht auf der physikalischen Gesetzmäßigkeit der Wärme- und Kälteisolierung durch ein doppelwandiges Glasgefäß. Es besteht aus zwei flaschen-, kannen- oder topfförmigen Glaszylindern, die derartig miteinander verschmolzen werden, daß zwischen ihnen ein Hohlraum verbleibt. Nach einem anderen Verfahren werden die Zylinder gleich am Ofen doppelwandig geblasen. Über ein am Kolbenboden angebrachtes Glasröhrchen werden später die Innenflächen zwischen den beiden Glaskörpern verspiegelt (s. 4.3.3). Schließlich wird die Luft herausgepumpt und das Röhrchen zugeschmolzen. Der Hohlraum verhindert den Wärmeaustausch zwischen Gefäßinhalt und Außenraum, wobei der Silberspiegel einen zusätzlichen Schutz gegen Wärmeabstrahlung liefert. Die Ummantelung der Isolierkolben be-

steht meist aus Kunststoff, Eisenblech, Aluminium, Edelstahl oder Messing. Manche Isoliergefäße sind zusätzlich mit Dekor versehen. Je nach dem Verwendungszweck unterscheidet man Isolierflaschen, Isolierkannen, Speisegefäße (mit weiter Öffnung) und Eisgefäße (zum Aufbewahren von Eiswürfeln). Sogenannte Dewargefäße sind Hochleistungsisolierbehälter zur Aufbewahrung flüssiger Luft und sonstigem Laborgebrauch.

Glasschmuck
Werden farbige oder kristallweiße Glasstäbe, sogenanntes Stangenglas, in kleinen Öfen (sogenannten Drucköfen) zum Wiedererweichen gebracht und wird dann die weiche, flüssige Glasmasse mit kleinen Formen – mittels Glasdruckzangen – eingepreßt, entstehen die Rohteile für Glasschmuck: Glassteine, größere Glasperlen, Phantasieartikel. Nach weiteren Prozessen, wie Scheren, Schleifen und Polieren, entstehen Glasschmuckteile. Glasverarbeiter in der Gegend von Gablonz in Nordböhmen haben die Herstellung von Glasschmuck weltweit zu Ansehen gebracht. Deshalb nennt man diese Artikel auch Gablonzer Ware. Als Modeschmuck kommt sie immer wieder in neuen Formen und Kombinationen auf den Markt. Werden von farbigen Glasröhrchen, sogenannten Stengelgläsern, zylinderförmige Stückchen abgesprengt und, um das Zusammenbacken zu verhindern, mit Holzkohle, Graphit, Gips oder anderen Zuschlagsstoffen in einer beheizten Trommel zum Rotieren gebracht, entstehen Glasperlen, sogenannte Rocailles.

Hohlperlen erhält man, wenn man aus einer dünnen Glasröhre ein hohles Kügelchen bläst und mit einer Perlenessenz genannten perlmutterfarbenen Paste füllt.

Glasperlen werden auf Schnüre aufgezogen und zu Halsketten, Armbändern, Rosenkränzen und ähnlichem verarbeitet. Zu den Rocailles und den Hohlperlen kommen die massiven Glasperlen, die, wie vorstehend beschrieben, aus farbigen Glasstangen nach dem Erwärmen durch ›Drücken‹ und Schleifen entstanden sind. Durch Bedampfen mit hauchdünnen transparenten Schichten erhalten geschliffene Glasperlen irisierende (schillernde) Farbeffekte (s. 5.3.4.2).

5.3.1 Behälterglas

Unter diesem Oberbegriff werden alle Hohlglaswaren zusammengefaßt, die zur Verpackung, Aufbewahrung, Konservierung und zum Transport von Getränken und anderen Flüssigkeiten, Lebensmitteln, chemischen, pharmazeutischen und kosmetischen Stoffen dienen. Behälterglas wird stets in Glashütten gefertigt. Dadurch ist es gegenüber Fläschchen und Ampullen abgegrenzt, die dem Bereich der Hohlglasverarbeitung zugerechnet werden und in der Hütte erzeugtes Glas als Ausgangsprodukt zur Voraussetzung haben.

Die Bedeutung von Glas als Verpackungsmaterial geht einerseits auf seine vielfältige Verformbarkeit zu-

Abb. 5.14: Typische Behältergläser

rück. Es lassen sich firmen- oder markentypische Formen erzeugen, die zu einem festen Begriff für das darin abgefüllte Produkt geworden sind. Ähnlich verhält es sich mit den Formen von Wein- und Spirituosenflaschen, die für den Verbraucher sofort erkennen lassen, aus welchem Anbaugebiet der darin enthaltene Wein stammt oder um welche Spirituose es sich handelt.

Noch wichtiger sind jedoch die Grundeigenschaften des Werkstoffes Glas für seinen Einsatz bei der Verpackung. Glas ist geruchslos, dicht, physikalisch und chemisch stabil, im allgemeinen ausreichend (Spezialgläser [6.2] sogar extrem) beständig gegen Säuren (außer Flußsäure) und (begrenzt) gegen Laugen, durchsichtig, leicht zu reinigen und hygienisch. Ein Nachteil ist das verhältnismäßig hohe Gewicht. Aber neuerdings haben die Techniker auch in dieser Beziehung teilweise Abhilfe schaffen können (Plastishield-Verfahren: Stabilisierung durch Etikett [rundum]; Geracote-Verfahren: Stabilisierung durch Schutzschicht [getaucht/gerollt]. Zudem sind Behältergläser zunehmend leichter geworden, seitdem es gelungen ist, sie dünnwandig zu arbeiten, ohne daß dadurch ihre Stabilität gemindert wurde.

Behälterglas wird zum weitaus größten Teil als Kalknatronglas hergestellt. Relativ reine Rohstoffe werden für Schmelzen von farblosem Glas verwendet, aus dem Konserven- und Einmachgläser sowie Flaschen für Getränke, Kosmetika, Reinigungsmittel etc. und Behältnisse für unkritische pharmazeutische Erzeugnisse in großer Formenvielfalt gefertigt werden. Sofern jedoch bei letzteren besondere Forderungen bezüglich der chemischen Resistenz zu erfüllen sind, müssen dafür Spezialgläser gemäß 6.3 eingesetzt werden.

Unter den gefärbten Behältergläsern kommen grüne und braune Tönungen am häufigsten vor. Grünes Glas, das auch für UV-Strahlung noch durchlässig ist, wird durch Zusatz von Chromoxid erhalten; braune Gläser, die das UV fast völlig absorbieren, ergeben sich bei Zusatz von Eisensulfid, das entweder direkt als Pyrit in das Gemenge eingeführt wird oder durch gleichzeitige Zugabe von Na_2SO_4 und Kohle (als Reduktionsmittel) in Gegenwart von Eisen die sogenannte »Kohlegelb«-Färbung erzeugt. (Zur Erzielung anderer Farbtöne siehe unter 2.4.) Die Farbe kann sowohl der Kennzeichnung dienen (z.B. Braunglas regional für Rotwein) als auch dem Lichtschutz oder nur ästhetische Gründe haben. Der Mengenanteil der färbenden Bestandteile liegt meist unter 0,5 %; davon wird auch in langen Lagerzeiten praktisch nichts an die Behälterfüllung abgegeben.

Getränkeflaschen

Bei ihrer Fertigung werden das Blas-Blas- sowie das Preß-Blasverfahren angewendet. In der Bundesrepublik Deutschland hat der Gesetzgeber durch die Fertigpackungs-Verordnung festgelegt, welche Maßinhalte die Flaschen für die verschiedenen Füllgüter haben müssen. Dadurch wird der Verbraucher vor Täuschungen geschützt. Wein- und Spirituosenflaschen haben z.B. als ganze Flasche einen Maßinhalt von 0,7 Liter, neuerdings auch 0,75 Liter (mit einem Sternenkranz gekennzeichnet), als halbe Flasche von 0,35 Liter. Bier wird in 0,5- und 0,33-Liter-Flaschen abgefüllt. Für andere Füllgüter gelten andere Größenreihen. Flaschen mit Inhalten von 1, 1,5, 2, 3 und weiteren vollen Litern sind für alle Füllungen zugelassen.

Im einzelnen hat der Gesetzgeber vorgeschrieben, wann eine Flasche als Maßbehältnis gelten kann. Dabei spielt die Maßgenauigkeit, die in den Glashütten stichprobenweise von den Eichämtern überwacht wird, die wichtigste Rolle. Die mit einem »M« am Flaschenboden versehenen Getränkeflaschen sind Maßbehältnisse im Sinne der Fertigpackungs-Verordnung. Außerdem sind dort das Nennvolumen und ein amtlich registriertes Herstellerzeichen eingeprägt. Getränkeflaschen brauchen daher im Unterschied zu Schankgefäßen (Bier- oder Spirituosengläser) keine Eichmarke.

Großglas ist der Fachausdruck für Glasballons oder Ballonflaschen bis zu 60 Liter Inhalt, die meist mit Umhüllungen von Weidengeflecht oder Stroh in Metall- oder Holzkörben eingesetzt sind (daher auch die Bezeichnung »Korbflaschen«). Säuren, Laugen und andere flüssige Chemikalien werden darin aufbewahrt und transportiert.

Im Wettbewerb mit leichteren Behältermaterialien wie Blech oder Kunststoff bestand schon lange die Tendenz, das Gewicht der Glasflaschen durch geringere Wanddicken zu vermindern, ohne Einbußen an Bruchfestigkeit hinnehmen zu müssen. Dieses Ziel war erreicht, als es durch neue Techniken gelang, einerseits eine hohe Gleichmäßigkeit der reduzierten Wanddicke zu erhalten und andererseits den Reibungswiderstand und die Kerbstellenzahl durch Heißbedampfung mit Zinnoxid und nachfolgende Paraffinbeschichtung herabzusetzen und so die Innendruckfestigkeit (Berstdruck) auf das 2–3fache zu erhöhen.

Vom betrieblichen Standpunkt aus wurde lange Zeit die zum einmaligen Gebrauch bestimmte »Einwegflasche« – das Gegenstück zur Pfandflasche – als die beste Lösung propagiert. Wegen der steigenden Umweltbelastung durch die weggeworfenen Flaschen ging man seit 1975 dazu über, sie im »Recycling«-System, heute über »Duales System«, in den Behälterglashütten wiederzuverwerten, indem man sie als Scherben der Schmelze zusetzt (Recyclingquoten weiß = 70%, braun = 70%, grün = 90%). Damit erzielt man eine erhebliche Einsparung an Rohstoffen und Energie. Erschwerend ist z.T. allerdings die Notwendigkeit, das Altglas nach Farben zu sortieren, da sowohl das farblose als auch das braun gefärbte Glas gegen Verunreinigungen durch andersfarbiges Glas sehr empfindlich sind. Dagegen verträgt Grünglas auch Beimischungen von anderen Altglasarten zur Schmelze ohne merkliche Veränderungen des Farbtons.

Konservenglas
Sowohl Industrie- wie Haushaltskonservengläser (Einmachgläser) bestehen in der Regel aus Weißglas. Die klare Durchsicht auf den Inhalt ist vor allem für Lebensmittel eine wichtige Verkaufshilfe und ermöglicht die Kontrolle des Einmachguts.

Für den bestimmungsgemäßen Gebrauch dieser Gläser ist ihre chemische Resistenz von entscheidender Bedeutung. Die Wasserbeständigkeit entspricht der 3. hydrolytischen Glasbeständigkeits-Klasse nach DIN/ISO 719, d.h., sie ist hoch genug, so daß auch bei wiederholten Kochvorgängen mit dem Einmachgut und bei Waschprozeduren keine merkliche Veränderung der Glasoberfläche, z.B. durch Trübung oder Fleckenbildung, eintritt. Wegen der verhältnismäßig hohen Wärmedehnung des Kalknatronglases ($\alpha \approx 9 \cdot 10^{-6}$/K) sind jedoch schroffe Temperaturwechsel, besonders bei Gläsern mit größerer Wand- oder Bodendicke, zu vermeiden, da sie u.U. zu Bruch führen können.

5.3.2 Wirtschaftsglas

Unter diesem mehrdeutigen und nicht selten irreführenden Begriff wird diejenige Gruppe von Hohlglaserzeugnissen zusammengefaßt, die im täglichen Gebrauch eine wesentliche Rolle spielt und dabei hinsichtlich des Designs häufig hohen Ansprüchen zu

Abb. 5.15 a und 5.15 b: Kelchglasserien »10 Grad« und »Excelsior« von Schott-Zwiesel

genügen hat. In neuerer Zeit scheint sich dafür auch der Begriff Gebrauchsglas mehr und mehr einzubürgern. Eine andere, in der Werbung beliebtere Formulierung ist »Glas für den gedeckten Tisch«.

Zur Produktfamilie Wirtschaftsglas gehören an erster Stelle Trinkgläser aller Art, deren Erzeugung wertmäßig etwa 60 % ausmacht. Die übrigen 40 % entfallen auf sonstiges Tischzubehör aus Glas und auf Artikel, die in der Küche, in Wohnungen und Büros Verwendung finden.

Eine Trinkglasgarnitur umfaßt alle Gläser, die bei Tisch oder in Gesellschaft für die einzelnen Getränke verwendet werden. Da es sich dabei fast immer um Gläser mit Stiel, Kelche also, handelt, spricht man meist von »Kelchglasgarnitur«. Das Wesen einer Garnitur besteht darin, daß der Designer eine Grundform, die auch Schliffdekor oder eine andere Art von

Veredelung einschließen kann, auf die einzelnen Glastypen überträgt.

Typische Wirtschaftsglaserzeugnisse, oft als »Geschenkartikel« bezeichnet, sind des weiteren Aschenbecher und Rauchersets, Tisch- und Bodenvasen, Blumenschalen, Kerzenhalter und großformatige Glasteller. Auch dekorative Gläser ohne Funktion, figürliche Darstellungen, Glastiere und Raumschmuck aus Glas zählen zu dieser weitverzweigten Produktfamilie.

Einfache Trinkgläser für Gastronomie und täglichen Gebrauch im Haushalt sowie Glasgeschirr sind fast immer automatisch erzeugt. Kelchglasautomaten arbeiten heute derartig präzise, daß darauf auch anspruchsvollere Garnituren aus Kristallglas und Bleikristall herzustellen sind, die nur noch der Fachmann vom Mundblasprodukt zu unterscheiden vermag. Sie wollen die traditionelle

Handfertigung nicht verdrängen, die für kompliziert und individuell gestaltete Formen gar nicht zu ersetzen ist, sondern sicherstellen, daß breite Käuferschichten in großer Zahl erzeugte Gläser zu angemessenen Preisen einkaufen können.

Einteilung von Wirtschaftsglas nach der Glasart

Hinsichtlich der Zusammensetzung von Wirtschaftsglas kann man drei Hauptgruppen unterscheiden: Die weitaus größte Gruppe ist dem Kalknatronglas zuzurechnen, wobei geringfügige Veränderungen bei den einzelnen Herstellern miteinbezogen sind. Für ihr physikalisch-chemisches Verhalten gilt daher das in 5.4 Gesagte.

Zur zweiten Gruppe gehören die Kristall- und Bleikristallgläser, bei denen Calcium großenteils durch Barium, Zink oder Blei, und Natrium z. T. durch Kalium ersetzt ist. Die dadurch erhöhte Lichtbrechung verleiht dem Glas hohen Glanz und optische Effekte, die durch Schliff noch gesteigert werden. Die Bezeichnung »Kristall«-Glas hat sich aufgrund ähnlicher Wirkungen bei Edelsteinen eingebürgert. Seit einigen Jahren sind jedoch innerhalb der EU-Staaten gesetzliche Bestimmungen festgelegt, wonach für die Kennzeichnung von Kristall- und Bleikristallgläsern folgende Qualitätskriterien maßgebend sind:

1. »Kristallglas« muß entweder Bleioxid (PbO), Bariumoxid (BaO), Kaliumoxid (K_2O) oder Zinkoxid (ZnO) allein oder zusammen in Höhe von mindestens 10 % enthalten und eine Dichte (d) von mindestens ($\geq$) 2.45 sowie eine Licht-Brechzahl (n_D) von $\geq$ 1 520, bezogen auf die gelbe Natrium-D-Spektrallinie, aufweisen; wenn jedoch ZnO fehlt, muß die Dichte mindestens 2.40 und die Oberflächenhärte nach Vickers 550 ± 20 betragen.

2. »Preßbleikristall« enthält mindestens 18 % PbO, d $\geq$ 2.70 und n_D $\geq$ 1 520; ist nur in der Bundesrepublik Deutschland zugelassen.

3. »Bleikristall« enthält mindestens 24 % PbO, d $\geq$ 2.90 und n_D $\geq$ 1 545.

4. »Hochbleikristall« enthält mindestens 30 % PbO, d $\geq$ 3.00 und n_D $\geq$ 1 545.

Dichte und Brechzahl wurden als Prüfeigenschaft gewählt, weil sie zerstörungsfrei in den Labors bestimmt werden können. Die Bewertung der Gläser hängt natürlich nicht allein von der verwendeten Glasart ab, sondern insbesondere auch von ihrer Bearbeitung und der Beurteilung des Musters, doch gilt Bleikristall allgemein als besonders wertvoll. Dazu kommt, daß die Bleigläser als »lange« Gläser (s. 2.2) dem Glasmacher die Formgebung erleichtern, gut schleifbar sind und durch Säureätzen poliert werden können (s. 5.7). Während die Wasserbeständigkeit nur wenig höher liegt als bei Kalknatronglas, ist die Resistenz gegen Spülmaschinenreinigung ausgezeichnet. Die Wärmeausdehnungskoeffizienten liegen im allgemeinen zwischen 7,5 und 9,0 x 10^{-6}/K.

In der dritten Hauptgruppe fassen wir alle Hauswirtschaftsgläser aus Spezialglas zusammen, die aus dem Schmelzfluß heraus durch maschinelles Pressen oder Blasen geformt sind. Ihre Zusammensetzung weicht von derjenigen der vorher beschriebenen Gruppen deutlich ab. Bisher haben sich 3 Typen auf dem Markt durchgesetzt:

a) Transparentes Borosilicatglas

Die schon seit vielen Jahren als »Duran« (Schott) oder »Pyrex« (Corning, USA) eingeführten Borosilicatgläser sind Weiterentwicklungen des auf Otto Schott zurückgehenden »Geräteglases«, nachdem auf dieser Basis bereits in den 20er Jahren ein Wirtschaftsglas unter dem Namen »Jenaer Glas« Eingang in den Haushalt gefunden hatte. Schüsseln, Kuchenbackformen, Teekannen, -gläser und -tassen, Kaffeemaschinenkrüge, Babymilchflaschen usw. sind bekannte Produkte diese Glastyps, die in Serien aus der Schmelzwanne maschinell ge-

Abb. 5.16: Borosilicatglas im Haushalt

Abb. 5.17: Klassische Auflaufform aus Borosilicatglas, gepreßt

fertigt werden. Dünnwandige Gläser werden in aufklappbare Formen nach dem Paste-Mould-Verfahren eingeblasen, dickwandigere Gläser in IS-Maschinen hergestellt oder gepreßt. Bei letzterem Verfahren wird das noch heiße Glas durch Anblasen mit kalter Luft abgeschreckt, um hohe Druckspannungen in der Glasoberfläche zu erzeugen (thermische Härtung, s. 4.3.4). Das Firmen- oder Markenzeichen wird beim Pressen mit eingeprägt bzw. im Siebdruckverfahren aufgebracht und anschließend eingebrannt. Da die Borosilicatgläser weger ihrer Beständigkeit und geringen Wärmedehnung auch in vielen Zweigen der Technik eine bedeutende Rolle spielen, werden sie bei den Spezialgläsern in 6.2 und 6.5 eingehend behandelt.

b) Weißes Opakglas (Trübglas, Opalglas)

Opakes (d. h. undurchsichtiges) Glas ist durch eine inhomogene Zusammensetzung gekennzeichnet, bei der ein Gemisch von wenigstens zwei

Abb. 5.18: Teeservice aus Borosilicatglas

verschiedenen Stoffarten (»Phasen«) in mikroskopisch feiner Verteilung vorliegt. Solche Gläser entstehen, wenn sich entweder eine Phase beim Schmelzprozeß gar nicht löst (z. B. Zinnoxid) oder beim Abkühlen auskristallisiert (z. B. Fluoride), oder wenn sich die Schmelze durch Entmischung in zwei Phasen trennt, die zwar glasig sein können, aber wegen sehr unterschiedlicher Lichtbrechung und Lichtbeugungseffekten stark lichtstreuend[1] (opaleszierend) wirken. Die Gläser erscheinen je nach der chemischen Zusammensetzung weiß oder leicht getönt. Die Verwendung von Fluoriden, die sich unvermeidlich bei der Schmelze z. T. verflüchtigen, ist wegen der Gesetze zur Reinhaltung der Luft heute kaum mehr möglich; man hat sich daher weitgehend auf den Zusatz von Phosphaten (meist Aluminiumphosphaten in Kombination mit Bariumcarbonat) als Trübungsmittel umgestellt. Die

daraus hergestellten weiß gefärbten Opalgläser, die für Tischgeschirr meist farbig dekoriert werden, weisen eine relativ niedrige Wärmedehnung auf ($\alpha \approx 4,5 \cdot 10^{-6}$/K).

c) Glaskeramik

Das Prinzip der Glaskeramik-Herstellung wird ausführlich in 6.9 erläutert. Die Produkte aus dieser Gruppe, die zuerst unter der Bezeichnung »Pyroflam« (Corning), opak und »Jena 2000« (Schott), transparent, für Hohlgläser im Haushalt auf den Markt kamen, zeichnen sich durch einen nahe bei Null liegenden Wärmeausdehnungskoeffizienten aus. Sie können daher ohne Schaden auch extremen Temperaturschocks ausgesetzt, z. B. aus dem Kühlschrank auf eine heiße Herdplatte gestellt werden. Die opake, weiße Glaskeramik steht optisch dem Porzellan nahe, was durch größeres Wachstum der Mi-

Abb. 5.19: Modernes Kochfeld mit einer »Ceran«-Glaskeramik-Kochfläche von Schott

---

[1] im Gegensatz zum opak eingefärbten Flachglas (s. 4.1.1), das hauptsächlich lichtabsorbierend ist.

kro-Kristallite im Keramisierungs-
prozeß erreicht wird.

Während die Formgebung der Schüsseln, Pfannen usw. ausschließlich im
Preßverfahren geschieht, werden
aus dem gleichen Material, jedoch
dunkel eingefärbt, in großem Umfang
»Ceran«-Kochflächen von Schott für
Elektro-, Gas- und Induktionsherde
durch kontinuierliches Walzen hergestellt. Auf der leicht zu reinigenden
Oberfläche können Töpfe und Pfannen in einer Ebene von den Kochzo-
nen zu den Abstellflächen bewegt
werden. Diese »Ceran«-Glaskera-
mik-Kochflächen von Schott, we-
sentlicher Bestandteil des »Ceran-
Top-Systems«, haben seit Mitte der
70er Jahre die Kochgewohnheiten
und die Optik der Küchen in Europa
und Nordamerika in starkem Maße
beeinflußt.

5.3.3 Sonstiges Hohlglas

Die Anwendungen von Hohlglas erstrecken sich auf so viele Bereiche der
Technik, daß es nicht möglich ist, sie
alle im einzelnen zu beschreiben.
Deshalb soll hier nur noch auf einige
Einsatzgebiete von größerem Umfang hingewiesen werden, wobei z.T.
aber neben den üblichen Massengläsern auch die in Abschnitt 6 eingehend zu behandelnden Spezialgläser
Verwendung finden.

Bauhohlglas

Glasbausteine, Betongläser und
Glasdachziegel bilden zusammen den
Sektor Bauhohlglas. Sie werden im
Preßverfahren hergestellt; die hohlen

quaderförmigen Glasbausteine entstehen durch Verschmelzen der zwei
gepreßten Hälften, wobei die einge-
schlossene Luft beim Abkühlen
starke Druckminderung erfährt.
Dadurch ergeben sich gute Wärme-
isolationseigenschaften und Schall-
dämmwerte von 40 Dezibel und darüber.

Die äußeren und inneren Sichtflächen
können zudem mit Ornamentmu-
stern, lichtstreuenden Mattierungen,
Farbdekors oder Sonnenschutz-
schichten versehen sein. Daneben
gibt es auch plattenförmige Voll-
Glasbausteine. Mittels geeigneter
Profilierung und Bindemittel werden
die einzelnen Bausteine über schmale
Betonstege zu einer Wand oder zu
Einbaufenstern zusammengesetzt,
die zwar lichtdurchlässig sind, aber
keine klare Durchsicht gewähren; als
tragende Bauteile sind sie nicht zugelassen.

Betongläser, die gleichfalls aus gepreßten Voll- oder Hohlteilen bestehen, dienen zur Herstellung von Bauteilen aus Glasstahlbeton, wobei
Beton, Stahl und Gläser statisch zusammenwirken. Man stellt daraus
z.B. Abdeckungen von Lichtschäch-
ten her, die begehbar und mit be-
grenzten Lasten auch befahrbar sind.
Glasdachziegel werden in der Form
der handelsüblichen Tonziegel und
Betondachsteine hergestellt und müssen in der Stärke so bemessen sein,
daß sie (zur Säuberung) begehbar und
gegen Hagelschlag beständig sind.
Betonglasfenster von rein ornamenta-
lem Charakter sind bereits in 4.1.1
beschrieben.

Beleuchtungsglas

In dieser Gruppe ist zu unterscheiden zwischen Lampenglas (s. 6.5), wofür großenteils von Spezialgläsern Gebrauch gemacht wird, und Glas für die Ausstattung von Leuchten aller Art einschließlich Scheinwerfern. Hierbei werden neben Hohlglas auch in erheblichem Umfang Preßglasteile eingesetzt. Ähnlich wie bei Wirtschaftsglas (s. 5.5) verarbeitet man großenteils Kalknatronglas in Automaten, für den Bau von Lüstern auch vielfach Kristall- oder Bleikristallglas (das für diesen Zweck nicht unter das Kristallglas-Kennzeichnungsgesetz fällt), ferner Opalglas und für Lampen mit starker Wärmeentwicklung (z. B. Scheinwerfer, Lichtpausgeräte, Petroleumlampen) Borosilicatglas. Opalglas wird auch in Überfangkombinationen verwendet (s. 5.7.1). Über die maschinelle Herstellung von »Milchüberfangglas« wurde bereits in 4.3 berichtet. Das starke Streuvermögen dieser Gläser hat zwar einen gewissen Lichtverlust zur Folge, führt aber zu einer sehr gleichmäßigen blendfreien Beleuchtung. Auch Farbglas wird nach der Überfangtechnik für Leuchten verarbeitet. Von den Hütten wird Beleuchtungsglas nach den Wünschen der Designer an die Leuchtenfabriken zur elektrischen Ausrüstung und Komplettierung geliefert. Daneben produzieren die Glashütten meist noch Standardartikel, die sie z. T. auch selbst zu fertigen Leuchten verarbeiten.

Laborglas und medizinisch-technisches Hohlglas

umfaßt eine große Gruppe von Glaserzeugnissen, die in sehr unterschiedlichen Bereichen Verwendung finden, angefangen von Laboratorien der Industrie, Hochschulen, Prüfämtern und Kliniken bis zum Apparatebau für die Chemie und Verfahrenstechnik. Ein großer und immer mehr ansteigender Anteil des Bedarfs wird heute jedoch durch Spezialgläser gedeckt, weshalb auf diese Hohlglasprodukte erst in 6.2 und 6.3 näher eingegangen wird.

5.3.4 Veredelung

Strenggenommen wird unter Veredelung von Hohlglas die Bearbeitung der Außenfläche der aus der Hütte kommenden, an sich fertigen Gläser verstanden. So verhält es sich, wie wir gesehen haben, im allgemeinen auch bei der Flachglasveredelung. In der Praxis handhabt man die Begriffe jedoch großzügiger. Es wird zwischen der Veredelung im heißen Zustand am Ofen und der Veredelung im kalten Zustand unterschieden. Die Veredelung am Ofen kann immer nur in der Hütte stattfinden, also im Anschluß an die Formgebung. Kaltveredelung bedeutet Arbeitsgänge, die in der Hütte der Formgebung nachgeschaltet sind oder die von Veredelungsunternehmen ausgeführt werden, die das Rohglas bei einer Glashütte kaufen. Dabei kann aber auch nochmaliges Erhitzen des Glases erforderlich sein.

5.3.4.1 Veredelung im heißen Zustand

Diese Techniken sind in erster Linie für Wirtschafts- und Beleuchtungsglas wichtig. Nicht alle von ihnen spielen wirtschaftlich eine nennenswerte Rolle, manche haben heute nur noch historische Bedeutung oder sind nicht mehr rentabel. Im Zuge der Rückbesinnung auf alte Methoden der Veredelung, die vielleicht noch fortentwicklungsfähig sind, oder aus Gründen der Nostalgie ist es aber nicht nur ein Gebot der Vollzähligkeit, darauf einzugehen.

Optisch geblasenes Glas
Die Lichtbrechung des Glases kann durch regelmäßig an- und abschwellende Wandstärken im Glas hervorgehoben werden. Dazu wird das nur wenig aufgeblasene Külbel in eine zylindrische Hohlform mit Riefen eingeblasen, die sich in die Glashaut eindrücken. Das entstandene Muster bleibt bei der weiteren Arbeit erhalten, vergrößert sich und setzt sich über die ganze Gefäßform fort. So entsteht eine längsgestreifte Zylinderlinsen-Optik, durch Verdrehen eine spiralförmige.

Faden- und Tropfenauflage
Zu dünnen Fäden ausgezogenes, zähflüssiges Glas wird um das heiße fertiggeblasene Glas gelegt. Je nach Anordnung der Fäden entsteht ein Spiral-, Ring-, freies oder Bildmuster. Werden anstelle der Fäden einzelne Glastropfen aufgelegt, spricht man von Nuppen. Spitz ausgezogene

Abb. 5.20: Vase mit Fadenauflage

Nuppen, die nach unten hängen, heißen »Rüssel«.

Überfangen
Durch Eintauchen eines Külbels aus farblosem Glas in Farbglas und anschließendes Aufblasen entsteht sogenannter Außenüberfang; beginnt der Prozeß mit einem farbigen Külbel, spricht man von Innenüberfang. Die Kombination von beidem heißt Doppelüberfang. Durch späteres Herausschleifen oder -ätzen von Mustern werden durch den farbigen Kontrast interessante Wirkungen erzielt.

Abb. 5.21: Olivfarbener Innenüberfang mit goldbraunem Band in Blasentechnik

Mosaikglas
Verschiedenfarbige Glasstückchen oder -plättchen kommen auf eine Marmor- oder Eisenplatte, der Glasmacher rollt die heiße Glasblase aus Klar- oder Farbglas darüber, mit der sich die Glasstückchen sofort verbinden. Dann wird das Ganze mit Klarglas überfangen und fertiggearbeitet.

Millefiorigläser
(Tausendblumengläser)
Verschiedenfarbige Glasstäbe werden zu Mustern gebündelt, zusammengeschmolzen und in Scheibchen geschnitten. Die Weiterverarbeitung erfolgt wie beim Mosaikglas.

Fadeneinlage
Ein zähflüssiger Glasfaden wird auf das heiße Glas aufgebracht und durch Hin- und Herrollen auf einer Marmor- oder Eisenplatte eingedrückt. Es können auch mit einem kammartigen Werkzeug mehrere Fäden gleichzeitig aufgelegt werden; dann entsteht ein »gekämmtes« Muster.

Abb. 5.22: Millefioriflasche

Die Fäden müssen eine andere Farbe als das Grundglas haben, weil sie sonst unsichtbar würden. Ein anderes Verfahren besteht darin, dünne Stäbe aus meist weißem Milchglas zusammen mit farblosen Stäben an der Innenseite einer Tonröhre aufzustellen und klares Glas einzublasen. Stäbe und Glasmasse verschmelzen miteinander und hinterlassen eine längsgestreifte Glasblase, die nach erneutem Erwärmen und Drehen ein Spiralmuster erhält. Zum Schluß wird das Ganze nochmals mit klarem Glas überfangen.

Lufteinschlüsse
Wird in das noch weiche Glas mit Nadeln oder Nägeln eingestochen, bleibt in der Glasmasse ein kleiner Hohlraum zurück, und die Oberfläche schließt sich wieder. Jeder Einstich bleibt als Luftbläschen im Glas zurück. Der gleiche Effekt läßt sich mit Formen erreichen, die im Inneren mit Nägeln bestückt sind. Hohlstiele

Abb. 5.23: Schnupftabakgläser mit Fadeneinlagen

an Kelchen entstehen gleichfalls durch Einstechen. Sie können mehrere Zentimeter lang und auch gedreht sein.

Eis- oder Craqueléeglas
Das Külbel wird in feuchten Sägespänen gewälzt oder mit scharfkörnigem Sand bestreut, der die Glasoberfläche verletzt, und dann in Wasser getaucht. Durch das Abschrecken reißt die Glasoberfläche auf, ohne das Glas zu zerstören. Die Glasblase wird mit neuer Glasmasse überfangen oder nochmals so weit erwärmt, daß die Risse etwas verschmelzen und das Glas seine Festigkeit bewahrt. (Siehe Abb. 5.20 Craqueléeglas mit Fadenauflage.)

Hütteneis
ergibt sich durch Rollen des heißen Hohlkörpers über körniges Glaspulver oder Bestreuen damit. Je nach Korngröße stellt sich eine mehr oder weniger rauhe Oberfläche ein.

Achatglas
Durch Mischen von verschiedenfarbigem flüssigen Glas fällt eine marmorähnliche Glasstruktur an. Das Produkt heißt so nach dem streifig gemusterten Halbedelstein Achat.

Metallbeschichtung durch Flammspritzen
Glas besitzt die Eigenschaft, im heißen Zustand (250 °C) mit Metallen (Cu, Al) eine feste Bindung einzugehen. Glas und Metall »verschmelzen« gewissermaßen. Je höher die Temperatur des Glases, um so intensiver wird die Haftung.
Das Metall wird im Flammspritzverfahren mit Hilfe einer »Pistole« auf

Abb. 5.24: Marmorierte Vase (Achatglas)

das heiße Glas (am besten energiesparend vor dem Ofen, ansonsten nach dem Kühlen und Wiederanwärmen) aufgespritzt. Dabei durchläuft der Metalldraht oder das Metallpulver das Zentrum einer Acetylen-Sauerstoffflamme, wird in der sehr hohen Flammentemperatur geschmolzen, mit hoher kinetischer Energie auf die Glasoberfläche »geschossen« und geht mit dem Glas an der Kontaktfläche eine chemische Verbindung ein. Die Oberfläche des Glases wird metallisch. Sie kann durch Bearbeitungsverfahren wie Bürsten, Schwabbeln weiter verändert oder veredelt werden.
Anwendung im Beleuchtungsbereich, bei der Herstellung von Isolierglasscheiben u. a.

5.3.4.2 Veredelung im kalten Zustand. Abtragende Verfahren

Hat das fertig geformte Hohlglas den Kühlofen verlassen und etwaige Nachbearbeitung, wie das Absprengen der Kappe beim Kelchglas nebst

Verwärmen des Mundrandes oder ähnliches, hinter sich, kann es durch verschiedene Techniken veredelt werden.

Schleifen
ist die häufigste Art der Veredelung oder Dekoration von Hohlglasartikeln. Dazu werden liegende (waagerecht laufende) und stehende (senkrecht laufende) Schleifscheiben benutzt. Ist die Schleiffläche der Scheiben flach, entsteht der Flach- oder Flächenschliff, mit V-förmig ausgebildeter Schleifscheibe wird der Keilschliff ausgeführt. Bei Rundungen

Abb. 5.25: Kelchglasserie »CanCan« von Schott-Zwiesel mit Kerbenschliff

der Scheibe nach außen (konvex) spricht man von Hohlschliff. Mit konvexen Scheiben schleift der Glasschleifer kreisrunde Schliffe, sogenannte ›Kugeln‹, oder elliptische, sogenannte ›Oliven‹.

Schleifmuster
setzten sich aus mehreren Kugel- oder anders geformten Flächen zu-

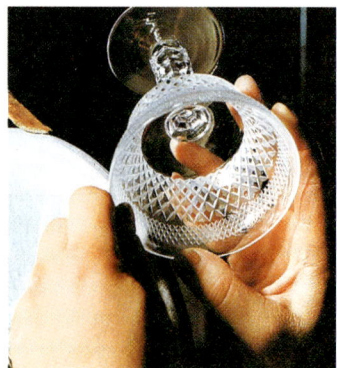

Abb. 5.26: Herstellung eines Schleifmusters am Kelchglas

sammen. Hinzu kommen unter Umständen Keilschliffe. Durch Kombination von Schliffarten lassen sich auf das Glas gegenständliche Muster, beispielsweise Blumen, übertragen. Für das Schleifen eines Glases sind meistens zwei bis drei Arbeitsgänge erforderlich, für die verschiedene Handwerker tätig werden. Am Anfang steht das Reißen mit dem Eisenrad und Schleifmittel (Sand, Karborund [= SiC]), um die Hauptmenge des Glases zu entfernen. Darauf folgen die feineren Schliffe. Vom rein handwerklichen Schleifen abgesehen, arbeitet man seit einer Reihe von Jahren auch mit Schleifautomaten.

Polieren
Haben die Gläser die Schleiferei verlassen, sind die Dekore noch matt. Um den gewünschten Hochglanz zu erzielen, lassen sich drei Verfahren einsetzen.

Bei der Säurepolitur werden die Gläser, in Körbe eingesetzt, zunächst in ein Gemisch von Flußsäure, Schwefelsäure und heißem Wasser getaucht und gleich darauf in klarem Wasser gespült. Dieser Vorgang dauert bis zu 30 Sekunden und wird mehrmals wiederholt. Große Posten von Gläsern mit Schliffdekor lassen sich dadurch schnell polieren.

Zum Polieren mit mechanischen Mitteln werden meistens Pappelholzscheiben und ein Poliermittel (in der Regel Polierrot genanntes feinpulveriges Eisenoxid) verwendet.

Schließlich kommt noch das Feuerpolieren in Betracht. Dazu wird das Glas im Polierofen auf 500 bis 700 °C erwärmt, wobei die plastisch-zähe Glasoberfläche infolge der Oberflächenspannung sich verkleinert und blank wird.

Gravur
oder Glasschnitt ist eine Verfeinerung des Schliffs. Kleine Kupferrädchen mit 2 bis 100 mm Durchmesser rotieren um eine waagerechte Achse. Auf die Rädchen aufgebrachte Schleifmittel (Schmirgel und Leinöl) tragen das Glas ab, wenn der Graveur den Glaskörper von unten an das Rädchen hält. Beim Hochschnitt oder Kameenschnitt wird der umgebende Untergrund entfernt und das Bild bleibt stehen. Der verbreiterte Tiefschnitt oder Gemmenschnitt läßt die Glasfläche stehen und schneidet das Muster ein. Die Liniengravur verfährt ähnlich dem Tiefschnitt; es entstehen feine Strichmuster, aber keine Flächen.

Ätzen
beruht darauf, daß Glas von verschiedenen Säuren angegriffen wird. Verwendet wird hauptsächlich Flußsäure. Manchmal benutzt man auch die Dämpfe der Flußsäure oder ein Bad aus Flußsäuresalzen. Das hängt davon ab, ob tiefe Ätzungen vorgenommen werden oder ob das Glas nur mattiert werden soll. Der Fachmann spricht von Tiefenbad und Mattbad. Das Mattieren ganzer Gläser spielt beim Beleuchtungsglas eine Rolle. Opalüberfanggläser kommen z. B. blank und mattiert vor.

Wegen der großen Gefährdung durch Flußsäuredämpfe und -spritzer ist man bemüht, vom Ätzverfahren möglichst wenig Gebrauch zu machen. In vielen Fällen kann es durch Sandstrahlen ersetzt werden.

Ätzmuster
entstehen unter anderem durch Überziehen des Glases mit Wachs und Einritzen eines Musters mit dem Pantographen, der das vorgegebene Dekor verkleinert, oder mit der sogenannten Guillochiermaschine, die 24 und mehr Gläser in einem Arbeitsgang vorbereiten kann. Wird dann die Ätzflüssigkeit aufgebracht, bleiben die abgedeckten Glasflächen stehen. Mit sogenannter Ätztinte, einer Gold- oder Platinfeder oder einem Gummistempel können Muster und Zeichen auch unmittelbar auf das Glas übertragen werden. Eichzeichen entstehen so.

Sandstrahlen
Mit dieser Technik läßt sich die Glasoberfläche nicht nur aufrauhen (mat-

tieren), sondern auch tief abtragen. Zum Schutz gegen die mit Preßluft unter hohem Druck aufprallenden Sand- oder Korundkörner (Korund $[Al_2O_3]$ ist ein Schleifmittel) dienen Lacküberzüge oder Gummiplättchen. Dann bleiben, ähnlich wie beim Ätzen, die abgedeckten Glasflächen stehen, und es bildet sich ein Dekor heraus, das vor allem bei Vasen, großen Schalen und anderen Kunstgläsern angewandt wird.

Auftragende Verfahren

Bemalen
Dazu werden Schmelzfarben verwendet, die bei 550 bis 650 °C eingebrannt werden. Sie sind im Grunde nichts anderes als ein leicht schmelzbares, pulverisiertes Farbglas in einer Flüssigkeit (z. B. Terpentin). Solche Farben werden Emails genannt, die deckend (also ein Trübungsmittel enthalten) oder transparent (durchscheinend) sind. Trinkgläser, Krüge, Vasen und Lampenfüße kommen mit Malereidekor vor. Zu den Emails zählt auch das sogenannte Schwarzlot, das in der mittelalterlichen Glasmalerei viel benutzt wurde und aus Bleiglas mit Eisen- und Kupferzusatz besteht.

Farbiges Beizen
Das farbige Beizen geschieht hauptsächlich mit Silber- und Kupferverbindungen. Sie werden mit Kaolin oder Ocker gemischt, mit einer Flüssigkeit angerührt und auf das kalte Glas aufgetragen. Durch Erhitzen auf etwa Transformationstemperatur er-

folgt ein Ionenaustausch zwischen dem Alkali des Glases und den Silber- und Kupferionen. Man spricht von Rubinbeize (rot) und Gelbbeize. Schwarzfärbung kann nach Einwanderung von Silberionen durch reduzierende heiße Gase (z. B. Wasserstoff) erreicht werden. Gebeizte Hohlgläser, z. B. Becher oder Vasen, können noch zusätzlich graviert oder geschliffen werden.

Edelmetallmalerei
Silber, Gold oder Platin können mit bestimmten Zusätzen auf Glas gemalt und dann eingebrannt werden. Nach dem Einbrennen kommt die natürliche Metallfarbe durch Polieren wieder zum Vorschein. Am häufigsten wird diese Technik bei Mundrändern hochwertiger Trinkgläser angewendet. Wird zuvor ein Ätzmuster aufgebracht, dann mit Silber, Gold oder Platin übermalt und nach dem Einbrennen poliert, bleiben die vertieften Stellen des Ätzdekors matt. Es entsteht die echte Ätzkante.

Gummistempel
eignen sich für einfarbige Dekore. Die Farbe wird anschließend eingebrannt.

Stahldruck
Meist einfarbige Abbildungen oder Zeichnungen werden mit Hand oder maschinell in eine Stahlplatte graviert oder fotomechanisch übertragen. Nach dem Einfärben der Platte überträgt man das Bild auf zähes Umdruckpapier und drückt es auf das Glas ab. Darauf folgt das Einbrennen.

Irisierendes Glas
Schillerfarben (auch Iris- oder Lüsterfarben genannt) kann man erzeugen, indem man das Glas auf mindestens 400 °C erhitzt und Dämpfe oder Nebel von Lösungen, die Verbindungen (z. B. Chloride) mehrwertiger Metalle enthalten, zusammen mit feuchten Gasen aus Düsen über die Oberfläche leitet. Dabei zersetzen sich die Verbindungen an dem heißen Glas und werden dort als Oxide niedergeschlagen. Die hauptsächlich im reflektierten Licht erscheinenden Farben entstehen durch Interferenz der Lichtwellen, wenn die Dicke der Oxidschichten mindestens ¼ der Wellenlänge erreicht und ihre Brechzahl die des Glases wesentlich übersteigt, z. B. bei den Oxiden von Zinn, Titan, Wismut u. a. Effekte dieser Art werden heute, wie schon in 5.3 kurz erwähnt, mittels der Vakuum-Aufdampftechnik zur Herstellung von Glasschmuck erzielt.

Abziehbilder
Zunächst werden auf Spezialpapier als Farbträger Bilder oder Schriftzeichen negativ im Mehrfarbendruck ge-

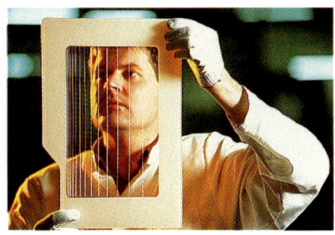

Abb. 5.27: Mikrowellenscheibe mit Siebdruck

druckt und mit einer Papierschicht überdeckt. Dann wird das von der Schutzschicht befreite Papier auf das mit einem Haftlack versehene Glas gedrückt. Nach dem Abwaschen mit Wasser kann das Trägerpapier entfernt werden. Das Abziehbild bleibt auf dem Glas zurück, und die Farbe wird eingebrannt. Werbegläser, die in kleineren Serien bestellt werden, können beispielsweise auf diese Art dekoriert werden.

Siebdruckverfahren
Ein modernes Verfahren für große Stückzahlen. Auf fotografischem Wege hergestellte Siebschablonen (für jede Farbe der Dekorvorlage ist eine Schablone erforderlich) werden für den Druckvorgang verwendet. Die Maschinen arbeiten mit höchster Präzision, so daß auch bei mehreren Durchläufen je nach Anzahl der Farben vollkommen exakte Drucke zustande kommen. Nach dem Bedrucken passieren die Gläser einen Einbrennofen. Die Wappen und Schriftzüge auf den Biergläsern großer Brauereien, die Etiketten auf den Flaschen von Markengetränken und Gläsern von Markenkonserven sind in der Regel Siebdruckerzeugnisse.

6. Spezialgläser und ihre Anwendungen

Anders als Flachglas, Glasfasern und Hohlglas ist Spezialglas nicht durch seine Erscheinungsform bestimmt. Entscheidend ist die Anwendung, und ihr müssen die verschiedenen Spezialgläser in ihren Eigenschaften angepaßt sein. Durch Auswahl geeigneter Zusammensetzungen ist das möglich. Das macht in hohem Umfang wissenschaftliche Forschung erforderlich, die nur wenige Unternehmen in der Welt betreiben.

Das Ergebnis sind Spezialgläser mit hoher chemischer und thermischer Beständigkeit sowie Gläser mit weitgefächerten optischen, elektrochemischen oder besonderen anwendungstechnischen Eigenschaften. Einsatz finden sie in Chemie, Pharmazie, Elektrotechnik, Elektronik, Gerätebau, Optik, Beleuchtungstechnik, Hauswirtschaft, in bestimmten Hochbaubereichen und anderen technischen Sektoren.

6.1 Kieselglas

Unter den Einkomponentengläsern hat nur das SiO_2-Glas (Kiesel- oder Quarzglas) technische Bedeutung. Diese beruht vor allem auf seiner geringen Wärmedehnung ($\alpha \approx 0,5 \cdot 10^{-6}$/K), der hohen Temperaturbelastbarkeit (bis nahe an 1000 °C) und der extremen UV-Durchlässigkeit (s. auch Tabelle Seite 113, Glas Nr. 1). Da das Glas bei Temperaturen über 2000 °C erschmolzen werden muß

und daher einen hohen Kostenaufwand erfordert, wird es in vielen Fällen durch Quarzgut ersetzt; das ist ein bei niedrigeren Temperaturen geschmolzenes Quarzglas, das aber wegen unvollständiger Läuterung mit Luftbläschen durchsetzt und undurchsichtig bleibt.

Bei einem anderen Verfahren zur Herstellung von klarem Quarzglas geht man von Borsäure-reichen Alkalisilicatgläsern aus, die sich durch Tempern bei ca. 600° C in kleinsten Bereichen entmischen. Die dabei entstehende alkaliboratreiche Phase läßt sich durch Säuren auslaugen, wobei durchgängige Poren von einstellbarer submikroskopischer Größe gebildet werden.

Die zurückbleibende, etwa 96%ige SiO_2-Phase läßt sich durch Erhitzen in glasklares, sogenanntes »Vycor«-Glas überführen, das in seinen Eigenschaften dem reinen Kieselglas sehr ähnlich ist (Glas Nr. 2 in Tabelle S. 113). Für optische Bauteile (z. B. Lichtleitfasern [6.8.3], UV-Optik) gewinnt man Quarzglas höchster Reinheit durch pyrolytische Zersetzung von gasförmigen Silicium-Halogen-Verbindungen ($SiCl_4$).

Durch Zumischung von 7–10 Gewichts-% Titanoxid zum SiO_2 läßt sich α noch bis zu schwach negativen Werten erniedrigen. Aus Gläsern dieser Zusammensetzung wurden in den USA Spiegelträger für Teleskope hergestellt, wofür neuerdings hauptsächlich Glaskeramiken (s. 6.9) verwendet werden.

Ausgelaugte SiO_2-Gläser vom Vycor-Typ mit definierten Porengrößen eignen sich als Membranen für die Ultrafiltration und Dialyse (z. B. zur Abtrennung von Öl-Emulsionen in Wasser) sowie zur Verankerung von biologisch aktiven Stoffen, wie z. B. Enzymen, in der Nahrungsmittel-Technologie.

6.2 Borosilicatgläser für Industrie und Labor

Von der großen, weit verzweigten Gruppe der Borosilicatgläser war schon mehrmals die Rede. In 2.3 wurde das Zusammensetzungsfeld der Haupttypen mit einigen wichtigen Eigenschaften pauschal vorgestellt, in 5.3.2 ihre Bedeutung für Wirtschafts- und Haushaltsglas hervorgehoben. In den folgenden Abschnitten soll gezeigt werden, welchen Zwecken diese Gläser auf verschiedenen technischen Sektoren, vor allem in der chemischen, pharmazeutischen und Elektrotechnik, dienen. Dazu seien zunächst einige technische Daten für den Hauptvertreter der Gruppe, das Schott-Glas »Duran«, nebst den für die Anwendung wichtigsten Eigenschaften zusammengestellt. Nahezu identisch verhält sich das amerikanische »Pyrex«-Glas.

Neben der geringen Empfindlichkeit gegen Temperaturwechsel sind weitere günstige Eigenschaften der Borosilicatgläser: Formbeständigkeit bis na-

Tab. 6.1: Laborgläser

Physikalische und chemische Eigenschaften von Borosilicatglas 3.3 (ISO 3585)	
Dichte	$2,23 g/cm^3$
Wärmedehnung (linear)	$3,3 \cdot 10^{-6}/K$
Elastizitätsmodul	$64 kN/mm^2$
Zugfestigkeit (feuerblank)	$\sim 90 N/mm^2$
Berechnungskennwert für Dauerbelastung	$6 N/mm^2$
Lichtbrechzahl (n_D)	1,473
Elektr. Volum-Widerstand bei 250 °C	$10^8 \Omega$ cm
Transformationstemperatur (T_g)	525° C
Erweichungstemperatur (E_w)	820° C
Chemische Beständigkeit gegen Angriffe von	Wasser, nach DIN ISO 719 (5 Klassen*): HGB 1 Säuren, nach DIN ISO 1776 (keine Klassen): Abgabe : < 100 µg Na_2O/100 cm^2 Säuren, nach DIN 12 116 (4 Klassen *): 1 Laugen, nach DIN ISO 695 (3 Klassen*): A2

* beste Haltbarkeit jeweils Klasse … 1

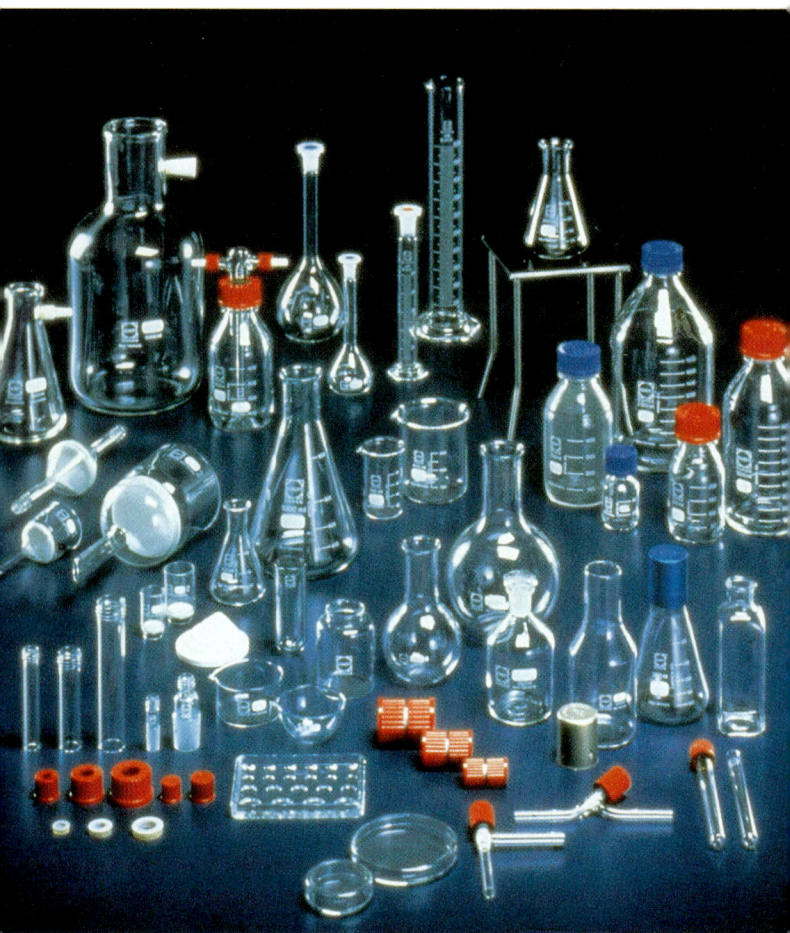

Abb. 6.1: Gläser für das Labor

he 550 °C, keine Gelschichtbildung an der Oberfläche (dadurch minimaler Strömungswiderstand und geringe Neigung zum Ansetzen von Abscheidungen); das Glas gibt im Kontakt mit Flüssigkeiten keine Metalle ab, wirkt nicht katalytisch (d. h. reaktionsauslösend) und ist resistent gegen radioaktive Strahlung; es eignet sich als »langes« Glas (s. 2.2) zur Heißverarbeitung auch für kompliziert geformte Bauteile und Apparaturen.

Laborgeräte

Aus der reichhaltigen Palette der in Laboratorien für Forschung, Entwicklung, Untersuchungen aller Art und für die Verfahrenstechnik benötigten Geräte aus Borosilicatglas können hier nur einige charakteristische Beispiele genannt werden. Zur Normalausstattung von Laboratorien, die bei den Reagenzgläsern beginnt, gehören Becher und Kolben, Volumen-Meßgeräte (z. B. Meßzylinder, Pipetten und Büretten), Filtriergeräte, Gaswaschflaschen und Reaktionsgefäße; Destilliergeräte, Kühler und Kondensatoren (Wärmeaustauscher) sowie Rohrschalter und Ventile für Flüssigkeiten und Gase. Spezielle Glastypen werden für Thermometer eingesetzt; ein alkalifreies Glas ermöglicht sogar noch präzise Temperaturanzeigen bis 620 °C. Je nach den Aufgaben der einzelnen Labors werden zusätzlich spezielle Apparate und Meßgeräte benötigt, in denen die zu prüfenden bzw. umzuwandelnden oder abzutrennenden Stoffe ebenfalls durch Glasteile geführt werden. Bei-

spiele dafür sind Apparate für Gasanalysen, Titriergeräte, Strömungsmesser für Flüssigkeiten und Gase; Kapillar-Viskosimeter zur Bestimmung der Zähigkeit von Flüssigkeiten aus der Durchlaufzeit; Apparate zur Molekulardestillation, z. B. für die Herstellung von Vitaminextrakten oder zur Gewinnung ätherischer

Abb. 6.2: Chemie-Kreiselpumpen

Öle und Aromen. Verfahrenstechnische Zusatzgeräte wie Rührwerke, Pumpen, Hochvakuum-Diffusionspumpen und Vakuum-Umlaufverdampfer gehören ebenso in diese Produktgruppe wie die verschiedenen Arten leicht lösbarer Kupplungen von Apparateteilen mittels Kegel- und Planschliffverbindungen oder Gewinden aus Glas; ihre Dichtheit für Flüssigkeiten und Gase ist in allen Fällen konstruktiv gesichert.

Glasanlagenbau

Diese Sparte ist aus den Elementen des Laborgerätebaues hervorgegangen, mit dem Unterschied, daß die damit behandelten oder bewegten Stoffmengen um ein Vielfaches größer sind. Solche Glasanlagen werden,

Abb. 6.3: Rohrbündelwärmetauscher
aus Borosilicatglas

bevor sie zur Produktion aufgebaut
werden, meist zuerst in halbtechni-
schen oder Pilotanlagen eingesetzt.
Mit Hilfe von Baukastensystemen ist
es möglich, auch komplizierte Anlagen mit vielen Einzelteilen oder großen Abmessungen, etwa langen
Rohrleitungen oder vielen Verzwei-
gungen, zusammenzusetzen. Immer-
hin ist man aber heute imstande,
Borosilicatglas zu Rohren bis zu
1000 mm Durchmesser und zu Gefäßen aus einem Stück mit einem
Nutzinhalt von 500 Litern zu verar-
beiten. Gerade Rohre, Rohrbogen,
Ventile, Kolonnenbauteile oder Wärmetauscher gibt es in verschiedenen
Nennweiten und rastermäßig abge-
stuften Einbaulängen. Auch Glas-
pumpen, die nach verschiedenen
Prinzipien arbeiten, werden in derartige Konstruktionen einbezogen.
Glas-Rohrleitungen beliebiger Länge, z. B. für Abwasser oder Gase,
können inner- und außerhalb von
Gebäuden in Rohrschächten, Kanä-
len oder auch in der Erde verlegt werden. Um unzulässig hohe Spannun-

Abb. 6.4: Chemieanlage aus
Borosilicatglas

gen zu vermeiden, werden sie nicht
starr montiert, sondern in Rohr-
gehängen und Rohrschellen beweg-
lich gelagert. Dabei genügen für die
Verbindung von Rohrenden, die mit
einem dünnen Ringwulst versehen
sind, in vielen Fällen Gummiman-
schetten mit Metallschellen.
In den Anlagen der chemischen Verfahrenstechnik fallen neben kugel-
oder zylinderförmigen Großgefäßen
besonders Bauteile bis zu etwa 20 m
Höhe und 1 m Durchmesser auf, die
sogenannten »Kolonnen«. Sie dienen
zum Stoff- und Wärmeaustausch
zwischen aufsteigenden Dämpfen
und herabrinnenden Flüssigkeiten
und enthalten im allgemeinen kleine

Glasrohrstücke (»Raschigringe«) zur Vergrößerung der Kontaktflächen und der Berührungszeit zwischen den strömenden Medien. Der Stoffdurchsatz kann bis zu einigen Tonnen je Stunde betragen.

Als Dichtungen zwischen den starren einzelnen Anlageteilen dienen meist elastische, bis 200 °C temperaturbeständige PTFE-Ringe. Je nach Nennweite halten sie einer Druckbelastung zwischen 0,5 bar und 4 bar stand.

Für pharmazeutische Produkte werden Glasanlagen insbesondere zur Extraktion und Destillation von Wirkstoffen sowie zur Rückgewinnung von Lösungsmitteln eingesetzt. Alkoholbrennereien verwenden kontinuierlich betriebene Rektifizierkolonnen zur Reinigung und Konzentration des Branntweins. In der gesamten Getränkeproduktion, in Melkanlagen, bei der Herstellung von Aromastoffen sowie bei speziellen Erzeugnissen der Nährmittelindustrie sind Glasrohrleitungen weitgehend üblich. Auch die Textilveredelung setzt sie bei Anlagen zum Färben der Stoffe ein. In der Galvanotechnik arbeitet man mit Vakuum-Eindampfanlagen aus Glas für die Rückgewinnung von Metallen und Chemikalien aus den Galvanikbädern.

Die Abmessungen sämtlicher Bauteile von Glasapparaten und Rohrleitungen sind nach DIN und internationalen (ISO-)Normen festgelegt, die laufend ergänzt werden. Kombinationen von Bauteilen verschiedener Herkunft sind daher weitgehend durchführbar.

6.3 Gläser für die Pharmazie

Die pharmazeutische Industrie füllt einen Großteil von Präparaten in Glasbehältnisse ab (Ampullen, Fläschchen, Trinkampullen). Während Ampullen immer aus Rohrglas gefertigt werden (Rohre von 1500 mm Länge, verschiedenem Durchmesser und verschiedener Wanddicke), werden Fläschchen sowohl aus Rohrglas als auch direkt an der Wanne als »Hüttenfläschchen« hergestellt. Die Pharmakopöen[1] (Europäisches [= Eur. AB] und Deutsches Arzneibuch [= DAB]) schreiben vor, daß Injektabilia (Medikamente zum Einspritzen) nur in Behältnisse abgefüllt werden dürfen, deren hydrolytische Oberflächenresistenz die Forderungen für den Glastyp I des Eur. AB (= Beständigkeitsklasse I) bzw. für die Resistenzgruppe A des DAB (entsprechend DIN 52329) erfüllt. Entsprechende Borosilicatglasarten von Schott-Rohrglas sind »Fiolax farblos« (auch »Fiolax klar« oder »weiß« genannt) und »Fiolax braun«.

Diese Gläser enthalten weniger Borsäure als »Duran«-Glas (s. 6.2), dagegen mehr Alkalioxide sowie einige % Calcium- und Bariumoxid.

Das Braunglas enthält als färbende Bestandteile Eisen- und Titanoxid. Beide Gläser sind aufgrund ihrer ho-

---

1 Pharmakopöen (Arzneibücher) sind amtliche Sammlungen von Vorschriften über Beschaffenheit, Dosierung, Prüfung und Aufbewahrung von Arzneimitteln. Sie wurden in den meisten Kulturstaaten herausgegeben.

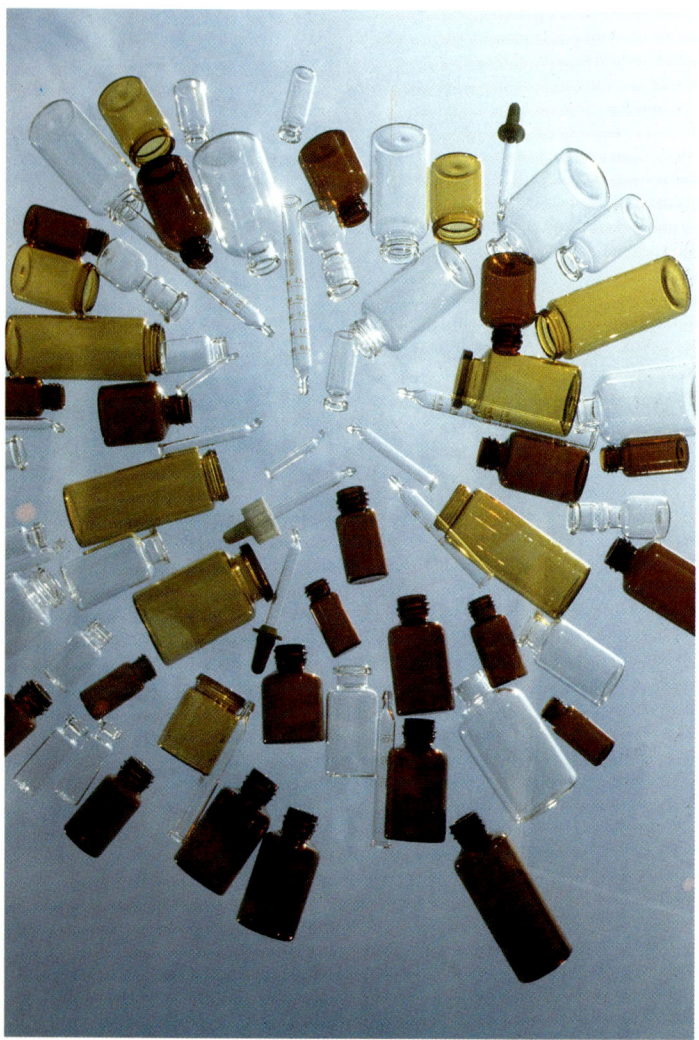

Abb. 6.5: Fläschchen für die Pharmazie

Tab. 6.2: Chemische und physikalische Eigenschaften von Rohrgläsern
für die Pharmazie

	Fiolax farblos	Fiolax braun	Illax	AR-Glas	Fiolax plus (farblos)
Hydrolyseklasse	1	1	2	3	1
Oberfl. Resistenz Eur. AB	I	I	/	III	1
Oberfl. Resistenz DAB	A	A	B	C	A
Säurebeständigkeit	1	1	2	1	1
Laugenbeständigkeit	2	2	2	2	1
Ausdehnungskoeffizient $(10^{-6}/K)$	4,9	5,4	7,6	9,0	4,9
Transform.-Temperatur Tg (°C)	560	550	528	520	535
Verarbeitungstemp. V_A (°C)	1160	1145	1058	1035	1185
Dichte (g/cm^3)	2,39	2,44	2,50	2,52	2,35

hen chemischen Beständigkeit (s. Tabelle 6.2) vorzüglich für den Einsatz in der Pharmazie geeignet. Hinzu kommt eine gute glastechnische Verarbeitung auf speziellen Automaten, mit denen die Glasröhren zu Behältnissen hoher Maßhaltigkeit verarbeitet werden, damit sie auf den Hochleistungs-Abfüllautomaten der pharmazeutischen Industrie problemlos abgefüllt werden können.

Das zum Lichtschutz in der Glasmasse braun gefärbte »Fiolax«-Glas zeigt eine spektrale Durchlässigkeit gemäß Abbildung 6.6, Kurve a.

Kurve b bezieht sich auf »Illax«-Glas, das mit Eisen- und Manganoxid gefärbt ist und für weniger empfindliche Präparate verwendet wird. Es ist chemisch immer noch sehr resistent, wird jedoch aufgrund der für die Pharmazie wichtigsten Wasserbeständigkeit mit der Klasse 2 nicht mehr für Injektabilia zugelassen. Es findet Verwendung als Trinkampulle, als Behältnis für empfindliche Rea-

genzien, für Tablettenröhrchen mit licht- und luftempfindlichem Inhalt, Fläschchen usw.

Weiterhin ist das »AR-Glas« zu erwähnen, das als farbloses Kalknatronglas mit nur ca. 1,5 % Borsäure in Rohrform hergestellt wird. Da dieses Glas nur die Hydrolyseklasse 3 aufweist, werden hieraus insbesondere Fläschchen für trockene oder wasserfreie (ölige) Präparate gefertigt. Ein neues Glas ist »Fiolax plus« mit einer sehr guten Beständigkeit auch gegenüber Laugenangriffen.

6.4 Gläser für Elektrotechnik und Elektronik

Ausgezeichnete elektrische Isolation, geringe dielektrische Verluste, Gasdichtigkeit, hohes Absorptionsvermögen für bestimmte Strahlungen und »maßgeschneiderte« thermische Eigenschaften begründen die Vorrangstellung von Spezialgläsern in der Elektrotechnik. Im Vordergrund ste-

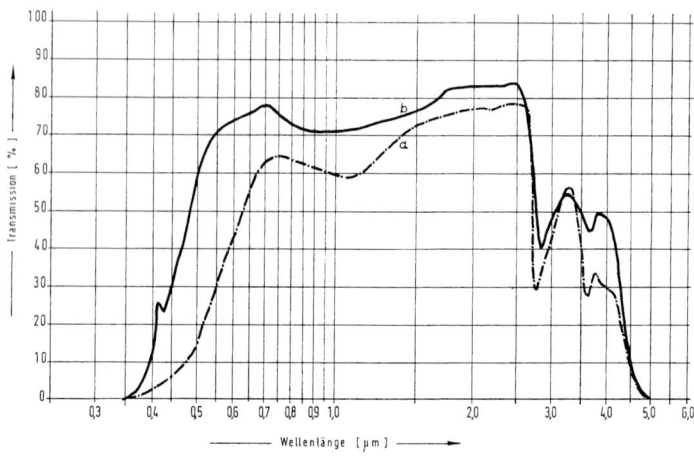

Abb. 6.6: Spektrale Durchlässigkeit von Fiolax braun (a) und Illax (b) bei 1 mm Dicke

hen die absolut gasdichte Durchführung elektrischer Leiter in evakuierte Glaskolben oder -kapseln und die hierfür notwendige Schmelzverbindung der Gläser mit verschiedenen Metallen. Diese Schmelzverbindungen setzen eine sorgfältige Anpassung der Wärmeausdehnungskoeffizienten (α) von Glas und Metall voraus, wenn sie unter allen anwendungstechnisch möglichen Belastungen mit Sicherheit dicht und rißfrei bleiben sollen. Solche Gläser werden als Einschmelzgläser bezeichnet. In vielen Fällen sind außerdem noch Sondereigenschaften wie z. B. Beständigkeit gegenüber speziellen Gasen und Dämpfen (bei Alkalidampflampen), Freiheit von Alkalioxiden im Glas oder niedrige Verarbeitungstemperatur erforderlich.

6.4.1 Einschmelzgläser

Die Einteilung der verschiedenen Gruppen elektrotechnischer Einschmelzgläser ergibt sich aus der Anpassung an die Wärmeausdehnungsbereiche der verfügbaren Einschmelzmetalle und kann somit nach diesen gegliedert werden. Sofern die direkte Verbindung eines Glases mit einem anderen Verschmelzpartner wegen zu großer Abweichung der α-Werte aus Spannungsgründen nicht möglich ist, müssen Übergangsgläser zwischengeschaltet werden.

Wolfram
als Einschmelzwerkstoff mit kleinstmöglicher Ausdehnung, erfordert Gläser mit Ausdehnungskoeffizienten (α) von 4,0 bis 4,4 · 10^{-6}/K. Hier-

Tab. 6.3: Beispiele von Spezialgläsern für Elektrotechnik und Lampenbau

Glas-Nr.	1	2	3	4	5	6	7	8	9	10
Hersteller-Firma	Osram	Corning	Schott	Schott	Schott	Schott	Osram	Schott	Osram	Corning
Code-Nr.	452	7913	8487	8252	8412	8250	125	8531	713	7251
	(Quarzgl.)	(Vycor)								
Transformations-Temp. T_g (°C)	~1100	~1050	523	725	565	495	435	435	530	543
Temperaturen (in °C) bei 10^{13} (dPas) Viskosität	1150	1020	535	725	565	507	429	430	550	544
$10^{7,6}$	1650	1530	760	935	782	715	635	585	787	780
10^4	—	—	1135	1250	1165	1060	1000	818	1224	1167
Wärmedehnungs-Koeff. $\alpha_{20...300°C}$ (10^{-7}/K)	0,54	0,75	4,0	4,6	4,9	5,0	9,8	9,1	4,4	3,7
Dichte (g/cm³)	2,21	2,18	2,25	2,63	2,34	2,28	2,86	4,38	2,27	2,26
Elastizitäts-Modul E (10^3N/mm²)	66	68	64	81	73	64	—	52	59	65
Spezif. elektr. Widerstand ϱ (Ω cm)[1], log ϱ bei 250°C	—	9,7	8,3	—	7,4	10,3	8,7	11,4	8,3	8,1
bei 350°C	—	8,1	6,9	12	6,0	8,5	7,1	9,8	6,9	6,6
Temperatur bei ϱ = 10^8 Ω cm (°C)	510	358	275	640	215	384	280	448	278	—
Verlustfaktor[2] bei 1 MHz ($10^4 \cdot \tan\delta$)	—	4	36	11	80	22	—	9	—	45
Zusammensetzung (Gew.-%): SiO_2	99,9	96	75,1	60	74,9	68,7	61,4	34,3	72,9	78
Al_2O_3	0,005	< 0,3	1,3	14,5	5,2	3,0	2,0	—	4,5	2
B_2O_3	<	3,5	16,7	4,5	10,8	18,6	—	—	14,5	15
Na_2O	< 0,001	0,03	4,3	—	7,0	0,8	6,7	5,6	3,5	5
K_2O	< 0,001		1,4			7,5	7,7		2,4	
MgO			0,4	2,0						
CaO	< 0,001		0,7	10,0	1,4	Li_2O:0,6			1,2	
BaO				9,0	1,0					
ZnO						ZnO:0,6				
PbO								59,6		

Erläuterungen:
1 Anstelle von ϱ ist der Logarithmus von ϱ eingetragen (z. B. log ϱ = 8,3 statt ϱ = $10^{8,3}$)
2 Der Phasenwinkel zwischen Strom und Spannung ist beim idealen Dielektrikum 90°, bei einem realen 90° –δ; der (sehr kleine) Winkel δ heißt Verlustwinkel, das Verhältnis von Wirk- zu Blindleistung ist der Verlustfaktor tan δ.

113

für eignen sich vornehmlich Borosilicatgläser (Glas-Nr. 3 in Tabelle S. 113). Damit sind diese besonders zur Herstellung thermisch hochbelasteter Glüh- und Entladungslampen (Blitzröhren) geeignet. Betriebstemperaturen bis ca. 750 °C lassen sich mit Erdalkali-Alumosilicat-Gläsern erreichen (Glas-Nr. 4), deren Transformationstemperaturen diejenigen üblicher Mehrkomponentengläser um ca. 200 °C übersteigen können. Als weitgehend alkalifreie und damit extrem hochisolierende Gläser eignen sie sich für Halogen-Wolfram-Lampen, weiterhin als Trägerrohr für hochbelastbare Schichtwiderstände.

Molybdän,
das seiner hohen elektrischen Leitfähigkeit wegen seine Bedeutung neben den Eisen-Nickel-Kobalt-Ersatzlegierungen behalten hat, gehört – wie Wolfram – zu den klassischen Einschmelzwerkstoffen. Für Molybdän und Fe-Ni-Co-Legierungen gibt es daher eine Reihe elektrotechnischer Einschmelzgläser mit α-Werten um $5 \cdot 10^{-6}$/K. Besonders geeignet sind Alkaliborosilicatgläser (Glas-Nr. 5), soweit keine besonderen elektrischen Anforderungen an das Glas gestellt werden. Müssen hohe Isolationswerte bis zu Betriebstemperaturen von ca. 300 °C bestehen bleiben (so z. B. bei inneren Glasteilen hochbelasteter Lampen), so kommen Gläser mit höheren B_2O_3-Anteilen und niedrigem Na_2O-Gehalt zum Einsatz.

Kovar
Noch höhere B_2O_3-Anteile (17–23 %) sind erforderlich, wenn die Transformationstemperatur der Gläser auf Werte unter 510 °C herabgedrückt werden muß, um sie mit Kovar-Metallen (z. B. 28 Ni, 18 Co, Rest Fe) – trotz deren Knickpunkt bei 410 °C im Ausdehnungsverlauf – verschmelzbar zu machen. Diese Legierung hat wegen ihrer extrem kleinen Wärmedehnung sowie ihrer hohen Korrosionsbeständigkeit für Glas-Metall-Verschmelzungen eine besondere Bedeutung erlangt, so daß eine Vielzahl von Gläsern mit Spezialeigenschaften, wie geringe Röntgenabsorption, hohe UV-Durchlässigkeit, hohe elektrische Isolation (Glas-Nr. 6) usw. auf diese Legierung abgestimmt wurden.

Bleigläser
haben in der Elektrotechnik und Elektronik eine Reihe wichtiger Aufgaben zu erfüllen. Ihre günstigen elektrischen Eigenschaften beruhen darauf, daß die großen, schwer beweglichen Blei-Ionen die Wanderung der Alkali-Ionen im Glasnetzwerk unter dem Einfluß elektrischer Felder blockieren und so die Leitfähigkeit und die dielektrischen Verluste vermindern. Als Fuß für Glüh- und Entladungslampen, für Fernsehröhren und viele andere Vakuumröhren haben Bleigläser daher große Bedeutung (Glas-Nr. 7). Als Metallpartner eignen sich zahlreiche Ni-Fe-(Cr-) Legierungen sowie Kupfermanteldraht.

Abb. 6.7: Glasgekapselte Silicium-Diode im Anschliff

In der Elektronik werden hochbleihaltige Gläser hauptsächlich zur Kapselung von Dioden und anderen Bauelementen wie z. B. Präzisionswiderständen, Keramik- und Tantal-Kondensatoren eingesetzt. Für die sehr alkali-empfindlichen Silicium-Dioden wurde ein hochisolierenden alkalifreies Bleiglas mit ~ 60%PbO entwickelt, das eine besonders niedrige Verschmelzungstemperatur aufweist (Glas-Nr. 8). Um einen hermetischen Abschluß und damit chemischen und mechanischen Schutz der Bauelemente zu erzielen, geht man von Feinrohrabschnitten aus, die über die Elemente geschoben und mit diesen mittels Heizwendeln oder in Durchlauföfen unter Schutzgas verschmolzen werden.

Infrarot-absorbierende Gläser
Neben der Verwendung von Flammen und Glühdrähten zur Erhitzung von Glas bei der Heißverformung hat sich die Wärmeübertragung durch IR-Strahlung (meist mittels Quarz-Jod-Lampen) eingeführt. Zu diesem Zweck werden den Gläsern einige Prozent Eisenoxid (FeO) beigemischt, das Infrarot und rotes Licht absorbiert (daher Grünfärbung in Durchsicht). Im Gegensatz zur Flammenbeheizung kann die Heißverformung durch Bestrahlung in neutraler oder reduzierender Atmosphäre erfolgen; dies ist vor allem bei der Herstellung hermetisch gekapselter, mit besonderen Gasen gefüllter elektrischer Bauteile vorteilhaft.

Das Verfahren wird vornehmlich bei der Fertigung von Reed-Schaltern benutzt; diese bestehen aus zwei magnetisch betätigten Kontaktzungen, die an den Enden von Glasrohrabschnitten vakuumdicht eingeschmolzen werden. Die Gläser werden ferner als Einschmelzgläser für Ni-Fe-Legierungen verwendet.

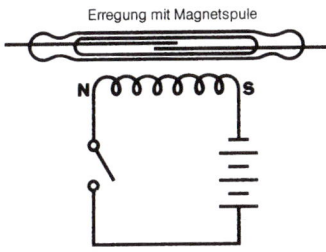

Abb. 6.8: Prinzip eines Reed-Schalters

6.4.2 Gläser für Fernsehröhren

Neben den Erfordernissen der Verschmelzbarkeit mit Metallen zur Durchführung der Hochspannung sowie der Heiz- und Steuerspannungen in der Röhre ist für Gläser zur Bildröhrenfertigung die Röntgenabsorption ein weiterer Hauptgesichtspunkt. Sie erfordert Mindestgehalte von Schwermetalloxiden im Glas (BaO, PbO, SrO), die den Austritt der in der Röhre entstehenden Röntgenstrahlung nahezu ganz verhindern. Je nach Wandstärke der Röhrenteile (Bildschirm, Trichter [Konus], Hals) müssen entsprechend unterschiedlich absorbierende Gläser verwendet werden, wobei das Halsglas zusätzlich besonderen Anforderungen bezüglich der Hochspannungsfestigkeit unterliegt. Unter den weiteren maßgeblichen Gesichtspunkten optimaler Verarbeitbarkeit und bestmöglicher Glasqualität (Freiheit von Knoten, Schlieren, Steinchen) erweisen sich Alkali-Barium-Silicat-Gläser für den Schirm sowie Bleigläser für Trichter und Hals als geeignete Glastypen.

6.4.3 Gläser für Röntgenröhren, Sende- und Bildverstärkerröhren

Zur Herstellung von Röntgenröhren wurden jahrzentelang Gläser mit hohen Gehalten an Barium- oder Zinkoxid verwendet, die zu relativ hohen Absorptionsverlusten für Röntgenstrahlen führen. Erst mit neueren

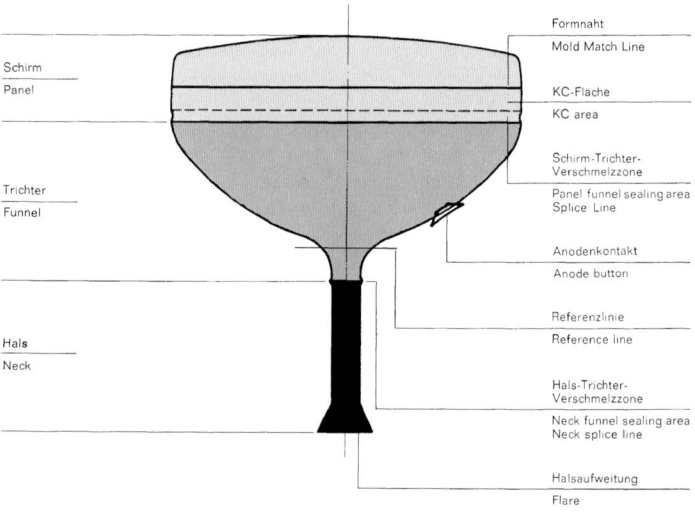

Abb. 6.9: Schematischer Aufbau eines Fernsehkolbens

Schott-Gläsern, die fast nur noch Elemente mit Ordnungszahlen unter 20 (Atomgewichten unter 40) enthalten, wird im Rahmen des zur erforderlichen Metallanpassung geeigneten Zusammensetzungsbereichs eine minimale Röntgenabsorption erreicht. Sie entsprechen etwa dem Glastyp Nr. 6 in Tabelle Seite 113. Die Metallanpassung ist auf Molybdän und Kovar-Metalle (z. B. Vacon 10) ausgerichtet. Da die Qualitätsforderungen hinsichtlich Blasen und Schlieren bei Röntgenröhren besonders hoch sind, werden diese Gläser nach Verfahren erschmolzen, die ähnlich den bei optischen Gläsern benutzten sind (s. 6.7.5).

Die gleichen Gläser werden auch für Bildverstärker- und Bildwandlerröhren, Vidicons, Quecksilberschalter sowie für hochbelastete Senderöhren eingesetzt, bei denen hohes Isolationsvermögen und geringe dielektrische Verluste vorrangig gefordert werden.

6.4.4 Gläser zum Löten und Passivieren

Wie bei den metallischen Loten bezeichnet man als Glaslote solche Gläser, die infolge besonders niedriger Erweichungstemperatur eine Schmelzverbindung zwischen normal erweichenden Gläsern, Metallen oder Keramiken unter möglichst geringer Temperaturbelastung der Verschmelzpartner herstellen lassen. Gehören Gläser selbst zu den Verbindungspartnern, so müssen hinreichendes Fließen und Benetzen des Glaslotes bei einer Temperatur stattfinden, bei der die zu verbindenden Gläser noch keine störenden Deformationen während des Lötvorganges zeigen. Im allgemeinen ist diese Temperatur durch die Transformationstemperatur der zu verbindenden Gläser gegeben, d. h. normale Lötgläser für Glasverbindungen fließen und benetzen im Temperaturbereich 450 bis 550 °C. Für das Fließen und Benetzen von Glasloten muß somit die erforderliche Viskosität bei diesen Löttemperaturen 10^4 bis 10^6 d Pas betragen.

Wie bei den Einschmelzgläsern muß auch im Falle der Glaslote die thermische Ausdehnung auf die der Verbindungspartner abgestimmt sein. Für das Lot als mechanisch schwächeren Partner wird zumeist eine geringfügige Druckspannung nach der Abkühlung angestrebt.

Die Anwendung von Glasloten erfolgt zumeist in Form von (gegebenenfalls vorgesinterten) Glaspulvern mit Korngrößen ≤ 60 μm. Zur Auftragung auf die zu verbindenden Flächen wird dieses Pulver meist mit Trägerflüssigkeiten, wie Wasser oder Methanol, zu einer Suspension bzw. Paste angerührt. Durch Verwendung von Nitrocellulose, gelöst in Amylacetat, können Zusammenhalt und Haftung des Pulvers auch nach der Trocknung sichergestellt werden. Während des Aufheizprozesses verdampft der Nitrocellulosebinder vor Beginn der Sinterphase.

Das Aufbringen der angerührten Masse auf die Lötflächen geschieht durch Sprühen, Siebdrucken oder Extrudieren eines Stranges. Nach Zusammenfügen der so gepasteten Flächen erfolgt der Lötprozeß nach einem geeigneten Temperatur-Zeit-Programm.

Das Löten von Glaskörpern mit Glaslot wird hauptsächlich dann angewandt, wenn ein Verschmelzen aus technischen Gründen nicht durchführbar ist. Beispiele dafür sind die aus mehreren Glasteilen zusammengesetzten Bildröhren für Farbfernsehgeräte sowie flache numerische Anzeigesysteme (Flüssigkristall- und Gasentladungs-Displays).

Glasige Lote
zeigen während der Dauer des Lötprogramms (einige Minuten bis eine Stunde) keine merklichen Kristallausscheidungen, d. h., beim Aufheizen und Abkühlen verhält sich die Viskosität reversibel (thermoplastische Glaslote). Daher lassen sich mit glasigen Loten verbundene Verschmelzpartner durch Wiederaufheizen auf die Löttemperatur erneut gegeneinander verschieben oder auch trennen. Lotgläser mit derartigen Eigenschaften gehören in der Regel zur Gruppe der Bleiboratgläser mit 60–90 Gew.-% PbO. Zur Verbesserung der chemischen Resistenz enthalten sie zumeist Zusätze an SiO_2 und Al_2O_3.

Kristallisierende Lote
behalten allgemein bis zur Löttemperatur ihren glasigen Charakter und gehen während der Haltezeit auf Löttemperatur durch Ausscheiden von Kristallen in einen glasig-kristallinen, keramikartigen Körper über. Dieser Vorgang führt zu einer irreversiblen Verfestigung der Verschmelzung, die eine Verschiebung der Lötpartner (auch bei späterem Wiedererhitzen auf die Löttemperatur) verhindert. Eine Trennung derartiger Schmelzverbindungen kann nur durch chemisches Herauslösen der Lotschicht erfolgen.

Gegenüber glasigen Loten unterscheiden sich kristallisierende vornehmlich durch Zusätze von Zinkoxid in Höhe von 8–25 Gew.-%. Sind Löttemperaturen < 550 °C erlaubt (für Keramik oder Metalle), so werden auch Zinkborat- und Silicoboratgläser (50–65 Gew.-% ZnO, 0–15 Gew.-% SiO_2, 20–35 Gew.-% B_2O_3) verwendet.

Composit-Glaslote
Der Tendenz, Glaslote mit möglichst niedriger Anwendungstemperatur zu entwickeln, steht der damit verbundene unerwünschte Anstieg der Wärmedehnung gemäß einer allgemein für Gläser gültigen Regel (s. 2.3.1) entgegen. Bei kristallisierenden Loten ist dieser Effekt zwar geringer; ein weitaus wirksameres Mittel ist jedoch das Zumischen inerter (d. h. nicht reagierender) Füllstoffe mit kleinen oder negativen α-Werten zum pulverisierten Lotglas. Geeignet sind z. B. die Minerale Zirkon ($ZrSiO_4$) oder β-Eukryptit ($Li_2O \cdot Al_2O_3 \cdot 2\ SiO_2$), die auch für Glaskeramiken eine Rolle spielen (vgl. 6.9). Solche Composit-Glaslote werden vornehmlich als stabile Glaslote angewendet. Die Menge der zumischbaren Füllstoffe ist durch die dabei un-

vermeidliche Verschlechterung des Fließvermögens beim Lötprozeß begrenzt.

Passivierungsgläser
sind den Lotgläsern verwandte Zink-Silicoborat- und Blei-Alumosilicat-Gläser. Sie werden zum chemischen und mechanischen Schutz von Halbleiteroberflächen, insbesondere von Silicium-Bauelementen, ebenfalls mittels der Pulvertechnologie (Körnung ~ 10–20 μm) aufgetragen und entweder als dünne Deckschicht von ca. 10–50 μm Dicke oder als Gehäuse niedergeschmolzen. Von entscheidender Wichtigkeit ist die völlige Fernhaltung von Alkali, das die Funktion des Halbleiters stören würde, sowie die dielektrische und mechanische Festigkeit der Glasschicht. Zur besseren Anpassung an die Wärmedehnung des Siliciums ($\alpha = 3,3 \cdot 10^{-6}$/K) bei mäßigen Aufschmelztemperaturen (700–900 °C) haben sich auch hier alkalifreie Compositgläser bewährt. Abschirmung gegen Alkali-Einwanderung ist in der Regel auch erforderlich, wenn Halbleiter mit alkalihaltigen Glassubstraten verbunden werden, wie z. B. transparente Elektroden-Schichten in Flüssigkristall-Displays. Zu diesem Zweck wird meist eine Vorbeschichtung mit SiO_2 (oder anderen Oxiden) im Tauch- oder Sprühverfahren oder durch Niederschlag aus Gasreaktionen vorgenommen.

6.4.5 Sinterglasteile

Für die Herstellung kleiner Bauteile, wie sie in der Elektrotechnik in großen Mengen gebraucht werden, wären Heißverformungsverfahren weder wirtschaftlich noch hinreichend maßgenau. Schon seit längerer Zeit werden daher solche Kleinteile aus trocken- oder naßvermahlenen Gläsern hergestellt. Das Glaspulver wird in mittleren Korngrößen von etwa 50 μm nach Zusatz von plastifizierenden organischen Bindemitteln in Trockenpressen geformt. Bei langsamer Erhitzung brennen zunächst die organischen Bestandteile rückstandsfrei ab; dann erst folgt bei weiterem Aufheizen bis auf 600–700 °C der Sintervorgang, wobei das Glasgefüge sich zu einem gasdichten formstabilen Glaskörper verdichtet. Trotzdem können die vorgeschriebenen Abmessungen auf 2 % genau eingehalten werden. Derartige Preßgranulate werden aus vielen Spezialgläsern, vor allem aus Einschmelzgläsern (6.4.1) hergestellt.
Ein Hauptanwendungsgebiet für Sinterglasteile sind isolierte Durchführungen von elektrischen Leitern in hermetisch abgeschlossene Gehäuse, mit Größen von wenigen mm^3 Rauminhalt bei Halbleiterbauelementen bis zu mehreren m^3 bei Kernenergieanlagen. Sie bestehen im allgemeinen aus einem äußeren Metallring, in welchem ein Sinterglasteil und in diesem wiederum der (oder oft eine ganze Reihe) Stromleiter eingeschmolzen sind. Weitere Sinterglas-Produkte sind z. B. Isolatoren, Präzisionsabstandshalter, Sockel für Transistoren, Relais, Schwingquarze usw. Dünne, 0,2 bis 0,8 mm starke Glasfolien, die man bohren, schneiden oder

Abb. 6.10: Glas-Metall-Durchführungen für Transistoren, Schwingquarze und Gleichrichter

Abb. 6.11: Schwingquarzsockelhalter für Handies

stanzen kann, werden nach ihrer Bearbeitung in Sinterglaskeramik umgewandelt. Sie finden vorwiegend in der Elektrotechnik und Elektronik Verwendung.

6.4.6 Gläser für Hochspannungsisolatoren

werden hauptsächlich aus Kalknatronglas (z. T. auch mit PbO-Zusatz) gepreßt und meist zur Erhöhung der mechanischen Festigkeit thermisch vorgespannt (s. 4.3.4). Für Spannungen über 20 000 Volt verwendet man vorzugsweise temperaturwechsel- und feuchtigkeitsbeständiges Borosilicatglas. Die elektrische Durchschlagsfestigkeit der Gläser liegt für 50 Hz bei 450 000 V/cm. Im Wettbewerb mit Keramik-Isolatoren konnten sie sich beim Oberleitungsbau der Eisenbahnen sowie für Überland-Hochspannungsleitungen erfolgreich durchsetzen. Die Aufhängung der Isolatoren läßt sich konstruktiv so ausführen, daß die einzelnen Glaselemente in den Ketten keiner Zugspannung ausgesetzt sind.

6.4.7 Ultraschall-Verzögerungsleitungen

Bei der elektronischen Signalübertragung ist es in manchen Fällen erforderlich, Signale mit exakt definierten Verzögerungen weiterzuleiten, die jedoch auf rein elektrischem Wege schlecht zu realisieren sind. Diese Aufgabe stellt sich z. B. bei der Erzeugung von Farbbildern in Fernsehröhren. Die 3 Elektronenstrahlsysteme, welche für jede der 3 Farb-Komponenten Rot, Grün, Blau den Leuchtschirm zeilenweise überstreichen und dabei die Helligkeit und

Farbzusammensetzung für jeden Punkt bestimmen, müssen im zeitlichen Abstand von 64 Mikrosekunden (= $6,4 \cdot 10^{-5}$s), der für das Abtasten einer Zeile nötig ist, synchronisiert werden. Diese im Vergleich zur Laufzeit elektrischer Signale sehr lange Verzögerung ergibt sich durch Umwandlung des elektrischen Signals in ein Ultraschallsignal. Dazu dient eine kleine Glasplatte mit mehreren zueinander parallelen Seitenflächen; an einer davon wird das Signal mittels eines elektromechanischen Wandlers erregt, und nach mehreren Zickzack-Reflexionen im Glas wird es an der Austrittsfläche wieder in ein elektrisches Signal rücktransformiert. Die Forderungen geringer Ultraschalldämpfung und zugleich minimaler Temperaturabhängigkeit der Schallwellenlaufzeit werden durch einige Bleigläser spezieller Zusammensetzung weit besser erfüllt als durch alle anderen Werkstoffe. Glas-Verzögerungsleitungen finden auch in der Computer- und Radartechnik Anwendung. Wenn es nicht so sehr auf Temperaturunabhängigkeit der Verzögerung ankommt, eignet sich Quarzglas (6.1) wegen seiner besonders geringen Dämpfung von Schallwellen.

6.4.8 Elektronenleitende Gläser

Aus den vorhergehenden Abschnitten und Tabelle Seite 113 war zu entnehmen, daß der spezifische elektrische Widerstand der Gläser (ϱ)[1] um so höher ist, je weniger Alkali-Ionen sie enthalten. Die Werte liegen bei Normaltemperatur zwischen etwa 10^{12} Ω cm (sehr alkalireiche Gläser) und 10^{20} Ω cm (Kieselglas). Die Volum-Leitfähigkeit[2] beruht somit auf der Wanderungsfähigkeit dieser Ionen im elektrischen Feld, die bei Raumtemperatur zwar sehr gering ist, bei Temperaturanstieg aber rasch zunimmt. Unter längerer Einwirkung von Gleichstrom kann es zu einem Stau der beweglichen Metall-Ionen an der Kathode und damit zu Polarisationserscheinungen kommen. Es gibt jedoch auch alkalifreie Gläser, die schon bei Normaltemperatur Widerstände von nur 10^4 bis 10^{10} Ω cm aufweisen. Hierbei handelt es sich um Elektronenleitung, die durch Elemente mit mehreren Wertigkeitsstufen (Nebengruppenelemente) zustande kommt. Dies ist z. B. bei Vanadium-Phosphatgläsern ($V_2O_5 - P_2O_5$) der Fall, in denen sich bei Sauerstoffmangel nebeneinander V^{4+}- und V^{5+}-Ionen befinden, die Stromleitung erfolgt dabei durch Elektronensprung von dem einen zum anderen Ion. Typische Halbleitereffekte treten auch in der Gruppe der sogenannten Chalkogenidgläser auf. Zu den »Chalkogenen« gehören die Elemente Schwefel (S), Selen (Se) und Tellur (Te). In Verbindung mit Arsen, Antimon, Germanium und/oder Halogeniden lassen sich daraus unter Sauerstoff-

---

1 ϱ = Widerstand eines Würfels von 1 cm Kantenlänge.
2 zu unterscheiden von der Oberflächen-Leitfähigkeit, die durch adsorbiertes Wasser entsteht.

Ausschluß niedrig schmelzende Gläser herstellen, die einmal wegen ihrer weitreichenden Infrarotdurchlässigkeit, zum anderen wegen der plötzlichen Übergänge zwischen Zuständen niedriger und hoher Leitfähigkeit bei Überschreitung einer bestimmten Schwellwert-Spannung starkes Interesse finden; die Entwicklungen sind jedoch auf diesem Sektor noch nicht bis zur technischen Reife gediehen.

Für halbleitende Oxidgläser haben sich indessen bemerkenswerte Anwendungen für den Bau von Multipliern (Sekundärelektronen-Vervielfachern) ergeben. Wenn man nämlich an den Enden eines dünnen Röhrchens aus einem solchen Glas eine Spannung von ca. 500 V pro cm Länge anlegt, so fließt ein Elektronenstrom im Glas; frei fliegende Elektronen, die etwa durch Lichtstrahlen aus einer Photokathode ausgelöst und in das Röhrchen gelenkt werden, schlagen beim Auftreffen auf die Glaswand je einige Sekundärelektronen heraus, die durch das Feld beschleunigt werden und ihrerseits den gleichen Effekt erzielen. Wird sich der Vorgang längs des Kanals nur 10mal wiederholt, so treffen auf den Empfänger (z. B. ein Leuchtschirm) am Ausgang des »Mikrokanals« millionenmal mehr Elektronen als auf der Eingangsseite ankommen. Dieses Prinzip wurde zur Bildverstärkung und Bildwandlung schwacher bzw. für das Auge unsichtbarer Strahlungen (Infrarot, UV, Röntgenstrahlen) weiterentwickelt. Die erforderliche große Zahl von Bildpunkten wird mit einem Bündel von dünnen Hohlglasfasern erreicht, deren Länge etwa das 10fache der lichten Weite beträgt. Zur Herstellung solcher Hohlfasern werden zunächst ummantelte Fasern (s. 6.8.3) mit säurelöslichem Glas als Kern gezogen, zu einem Bündel verschmolzen und in Scheiben geschnitten, aus denen dann die Kernfaser herausgeätzt wird. Um die so entstandenen Mikrokanäle für die Erzeugung von Sekundärelektronen zu präparieren, kann man sie – falls das Glas nicht selbst halbleitend ist – durch Gasreaktionen mit leitenden Oxiden beschichten; meist wählt man jedoch für den Fasermantel Bleiglas, das in heißen reduzierenden Gasen von selbst eine leitende Oberflächenschicht bildet.

6.5 Gläser für den Lampenbau

Die wichtigste Aufgabe des Glases in elektrischen Lampen ist, für den eigentlichen Lichterzeuger (z. B. die Wolframwendel in der Glühlampe) eine lichtdurchlässige Hülle zu bilden, die auch bei erhöhten Temperaturen gasdicht ist. Die Stromzuführung erfolgt über metallische Leiter, die in das Glas eingeschmolzen werden. Eine gas- und vakuumdichte Verbindung erreicht man am besten, wenn Glas und Metall sehr ähnliche Ausdehnungskoeffizienten haben.

Für *elektrisch niedrig belastbare Lampen* wird überwiegend Kupfermanteldraht als Stromzuführung verwendet. Dieser Draht hat einen Kern aus einer Eisen-Nickel-Legierung mit einer Kupferauflage von 20 bis 30 %, die Metallkombination einen radialen Ausdehnungskoeffizienten von 9,0 bis 9,5 · 10^{-6}/K. Dementsprechend sind für die Lampen Weichgläser mit α-Werten zwischen 9 und 10 · 10^{-6}/K erforderlich.

Der am häufigsten verwendete *Glühlampentyp* ist die Allgebrauchslampe in Birnenform. Der Kolben besteht aus einem einfachen Natronerdalkalisilicatglas und wird maschinell auf Hochleistungsmaschinen (z. B. Band(Ribbon-)maschinen [s. 5.1]) geblasen. Die elektrische Isolation dieses Glases ist bei den Betriebstemperaturen der Lampe zu gering, so daß für den Fuß mit der Drahteinschmelzung ein hochisolierendes Glas eingesetzt werden muß. Hierfür sind Bleigläser mit 20 bis 30% PbO im Gebrauch (Glas-Nr. 7 in Tabelle S. 113). Diese Gläser werden in Rohrform auf Danner- und Vello-Anlagen (s. 5.2) gezogen. Für innenmattierte Lampen werden die Glaskolben mit einem Gemisch aus Flußsäure und Fluoriden so angeätzt, daß eine Oberfläche mit definierter Rauhigkeit entsteht.
Eine große Zahl anderer Glühlampen, z. B. für Fahrzeugbeleuchtung, Photo und Mikroskopie wird nach dem gleichen Prinzip hergestellt.

Leuchtstofflampen sind Quecksilberniederdruck-Entladungslampen mit Leuchtstoff. In einem Rohrkolben aus Natronerdalkalisilicatglas wird Quecksilberdampf zur Entladung angeregt und dabei entstehende UV-

Strahlung durch eine Leuchtstoffschicht auf der Innenseite des Glaskolbens in sichtbare Strahlung umgewandelt. Wegen der an sich hohen UV-Absorption von Leuchtstoff und Glas tritt keine UV-Strahlung nach außen. Zur Einbettung der Stromzuführungen an den Enden der Lampe wird wieder Bleiglas verwendet.
Für elektrisch oder thermisch hoch belastete Lampen reicht die Temperaturwechselbeständigkeit der Weichgläser nicht mehr aus, es müssen Hartgläser mit Ausdehnungskoeffizienten unter 5 · 10^{-6}/K verwendet werden (z. B. Glas-Nr. 9). Für diesen Ausdehnungsbereich stehen als Stromzuführungsmaterial Molybdän-, Wolfram- und Fe/Ni/Co-Legierungen zur Verfügung.
Eine Reihe von Glühlampen mit gerichteter Strahlung wie z. B. CONCENTRA® oder die in den USA üblichen Autoscheinwerferlampen in »sealed-beam«-Ausführung werden aus Preßglasteilen hergestellt (Glas-Nr. 10). Die beiden Teile, Reflektor und Abschlußscheibe, bestehen aus Borosilicatglas mit 12 bis 15 % B_2O_3. Der Reflektor wird im Lampenwerk verspiegelt, z. B. durch Bedampfung mit Aluminium im Vakuum, das Gestell mit der Wolfram-Wendel eingesetzt und dann die Abschlußscheibe mit dem Reflektor verschmolzen.

Bei *Projektionslampen* überschreitet die Kolbentemperatur nicht nur die Entspannungstemperatur, sondern oft auch die Erweichungstemperatur der Weichgläser und der meisten Borosilicatgläser. Man ist gezwungen,

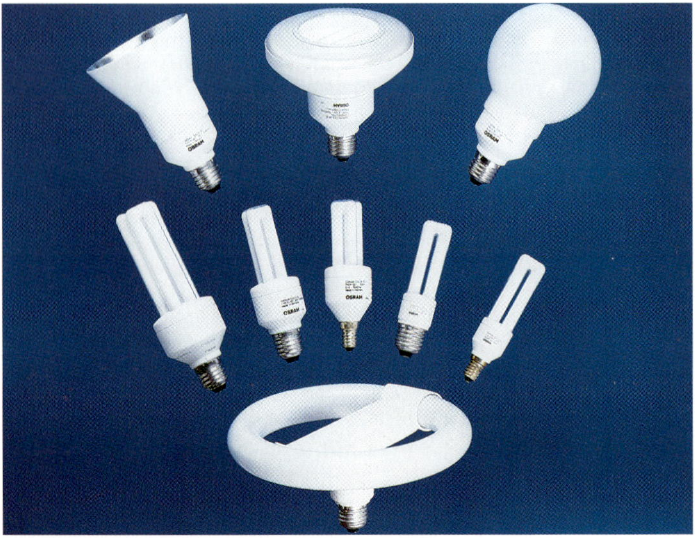

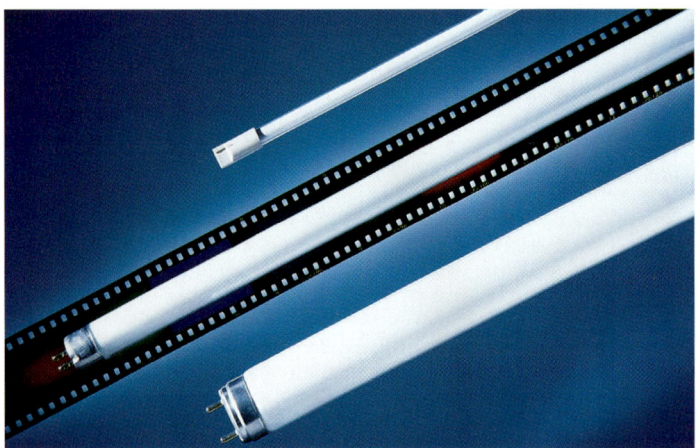

Abb. 6.12: Das Energiesparlampen-Sortiment der Fa. Osram

Abb. 6.13: Die Leuchtstofflampen-Familie von Osram

für den Kolben Gläser mit Transformationstemperaturen über 700 °C zu verwenden, das sind Erdalkalialumosilicatgläser (ähnlich Glas-Nr. 4) mit 18 bis 24% Al_2O_3 und 5 bis 9% B_2O_3 + P_2O_5. Der Fluß besteht aus hochisolierenden Borosilicatgläsern, meist Wolfram-Einschmelzgläsern.

Halogenglühlampen enthalten einen Halogenzusatz zum Füllgas, um eine Schwärzung des Glaskolbens durch verdampftes Wolfram zu verhindern. Diese Lampen müssen wegen der für den sog. Halogenkreisprozeß erforderlichen höheren Kolbentemperatur wesentlich kleiner sein als die normalen Glühlampen gleicher Leistung, so daß hierfür überwiegend Quarzglas oder Vycor (6.1) zur Anwendung kommen. Da wegen des hohen Ausdehnungsunterschiedes zwischen Quarzglas bzw. Vycor und Mo (5,4 · 10^{-6}/K) eine vakuumdichte Einschmelzung eines Drahtes nicht möglich ist, erfolgt die Stromzuführung über eine Molybdän-Folie von 20 bis 40 µm Dicke, die in das erweichte Kolbenrohr eingequetscht wird.
Für niedrig belastete Halogenglühlampen werden auch Erdalkalialumosilicatgläser (ähnlich Glas-Nr. 4) mit Transformationstemperaturen zwischen 700 und 800 °C direkt mit Molybdän-Draht verschmolzen. Von Ausnahmen abgesehen, handelt es sich bei den Glasteilen um maschinell gezogene Rohre.
Für die Wohnraum-, Arbeitsplatz-, Schaufenster- und Akzentbeleuchtung, aber auch für technische Beleuchtung wie z. B. Diaprojektion

und Fernsehproduktion werden Halogenlampen zusammen mit beschichteten Preßglasreflektoren als Kaltlichtreflektorlampen eingesetzt. Als Material für den Preßglasreflektor muß aufgrund der Anforderungen an die Temperatur- und Temperaturwechselbeständigkeit Borosilicatglas verwendet werden. Durch eine dichroitische Beschichtung des Preßglasreflektors wird erreicht, daß das sichtbare Licht gerichtet reflektiert wird, während ein Großteil der infraroten Wärmestrahlung durch den Reflektor diffus nach hinten transmittiert. Hierdurch werden die angestrahlten Objekte einer viel geringeren Wärmebelastung ausgesetzt, als dies bei Verwendung von Metallreflektoren oder metallisch beschichteten Reflektoren erreicht werden kann. Um diese hohe Lichtreflexion bei gleichzeitig hoher Infrarottransmission zu erzielen, ist es notwendig, die Reflektoren mit bis zu 30 Schichten aus abwechselnd hochbrechenden (z. B. TiO_2, ZnS) und niedrigbrechenden Materialien (z. B. SiO_2) zu verspiegeln. Als Verfahren zur Beschichtung dieser Reflektoren kommt z. B. Aufdampfen im Vakuum oder das Schott Plasma-Impuls-CVD-Verfahren zur Anwendung.

Bei *Quecksilberhochdruck-Entladungslampen* wird die Strahlung in einem Rohr aus hoch UV-durchlässigem Quarzglas erzeugt. Hier erfolgt die Stromzuführung ebenfalls über eine Molybdän-Folie. Das Entladungsgefäß wird gasdicht in einem mit Leuchtstoff beschlämmten

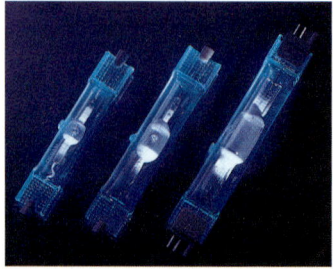

Abb. 6.14: Halogen-Metalldampf-lampen der Fa. Osram

Abb. 6.15: Verschiedene Kaltlichtre-flektoren von Schott

Außenkolben eingebaut, so daß auch die UV-Strahlung in sichtbares Licht umgewandelt wird.

Für Lampen mit niedriger Leistung werden Außenkolben aus Natron-erdalkaliglas und Füße aus Bleiglas verwendet, für Lampen ab 250 W Borosilicatglaskolben und Füße aus elektrisch hochisolierendem Borosili-catglas.

Bei *Spezial-Höchstdruck-Entladungs-lampen*, z. B. Xenon-Lampen, wird das Entladungsgefäß sehr heiß, rund 1000 bis 1200 °C. Deshalb wird hier-für Quarzglas verwendet. Lampen mit relativ niedriger Strombelastung werden mit Molybdän-Folien als Stromzuführung hergestellt, solche mit hoher Strombelastung erfordern Wolfram-Stäbe. Um den hohen Ausdehnungsunterschied zwischen Quarzglas und Wolfram zu über-brücken, werden an das Quarzglas aufeinanderfolgend zwei oder drei Zwischengläser mit z. B. 1,3, 1,8, 2,3 · 10^{-6}/K angeschmolzen und das Glas

mit dem höchsten Ausdehnungskoef-fizienten mit dem Wolfram verbun-den.

Bei *Natriumdampflampen* wird Na-triumdampf zur Entladung angeregt. Die Niederdrucklampe sendet ein fast rein monochromatisches gelbes Licht aus. Die normalen technischen Gläser werden vom Natriumdampf bei hohen Betriebstemperaturen zer-stört. Deshalb sind hierfür spezielle, vor allem kieselsäurearme Bariumbo-ratgläser, entwickelt worden. Diese Gläser sind meist schlecht zu verar-beiten (kurz) oder gegen Verwitte-rung nicht beständig genug. Für den Glaskolben wird deshalb ein Zwei-schichtenglas (Überfangglas) verwen-det. Das Weichglasrohr (Alkalierdal-kalisilicatglas) wird innen mit einer dünnen Schicht (50 bis 100 µm) des natriumfesten Glases überfangen. Für die Herstellung der Überfangrohre werden maschinelle Rohrziehverfah-ren eingesetzt. Die Natrium-Hoch-drucklampe erzeugt gelblich-weißes Licht, wobei das Entladungsgefäß rund 1 100 °C heiß wird. Temperatur und chemischer Angriff schließen die Verwendung von Glas aus, statt dessen wird transparente Sintertonerde (Al_2O_3) eingesetzt. Der Außenkolben besteht aus Borosilicatglas.

Spektrallampen dienen zur Erzeugung von Linienspektren und bestehen aus einem Entladungsgefäß mit einem Grundglas und dem anzuregenden Metall sowie einem Außenkolben aus Weichglas. Für das Entladungsgefäß wird je nach Entladungsart und Metalldampffüllung Quarzglas oder Spezialglas verwendet.

Bei *UV-Strahlern* für technisch-medizinische Zwecke, z. B. Entkeimungsstrahler, ist eine hohe Durchlässigkeit für die Quecksilberlinie bei 254 nm Bedingung. Es wird deshalb Quarzglas eingesetzt. Bei UV-Strahlern für kosmetisch-therapeutische Zwecke ist die kurzwellige Strahlung (etwa unter 280 nm) unerwünscht. Es werden Natronerdkaligläser verwendet, deren UV-Durchlässigkeit, z. B. durch Fe_2O_3-Zusätze, definiert verringert wird. Das kurzwellige UV wird häufig auch durch eine nachträglich aufgetragene dünne Oxidschicht unterdrückt.

Für *Hochspannungsleuchtröhren*, in denen Edelgase, wie z. B. Neon, zur Entladung gebracht werden und die dann farbiges Licht ausstrahlen (für Reklamezwecke), benutzt man Weichgläser. Die Lampen enthalten geringe Mengen Quecksilber zur Anregung der Gasentladung. Da UV-Strahlung und Quecksilber bei den hohen Betriebsspannungen dieser Lampen (bis 6 kV) die sonst üblichen Gläser angreifen und verfärben, müssen die Gläser speziell auf diesen Verwendungszweck abgestimmt sein.

Für die Herstellung von *Blitzlampen* (Einmalzündung) werden sowohl Weichgläser wie auch Borosilicatgläser verwendet, und zwar entsprechend der Belastung der Gläser durch Temperatur und Druck beim Abbrennen der Blitzlampe.

Für *farbige Lampen* gibt es mehrere Möglichkeiten: In der Masse gefärbte Farbgläser, z. B. CdS für gelb, Co, Cu für blau, Cr für grün, Se für rot oder in der Oberfläche gefärbte Gläser durch Beizen mit Silber- oder Kupferverbindungen (gelb, rot, braun) s. S. 101/102, oder Innenbeschichtung mit farbigen Pulvern, u. U. sogar Außenüberzug mit farbigem Lack.

Infrarotstrahler sind Glühlampen mit niedriger Wendeltemperatur, also hohem relativen Wärmestrahlungsanteil. Sie werden wie diese meist aus Borosilicatgläsern mit Molybdän- oder Wolfram-Drahteinschmelzung hergestellt.

6.6 Elektrodengläser

Zur Steuerung chemisch-technischer Prozesse, in der Trinkwasserüberwachung, in der Medizin, in Molkereien und auf vielen anderen Gebieten spielt die Ermittlung des pH-Werts, der ein Maß für die Wasserstoffionenkonzentration und damit die Acidität bzw. Alkalität von Lösungen darstellt, eine große Rolle.

pH-Werte werden heute fast ausschließlich mittels Glaselektrodenmeßketten ermittelt. An der Grenzfläche zwischen Glasmembran (Dicke etwa 0,5 mm) und flüssigen Elektrolyten (Ionenleitern) bilden sich Potentialdifferenzen (»Galvanispannungen«) aus. Die Spannung zwischen Glas und wäßriger Lösung ist abhängig vom pH-Wert und – bei bestimmten Glaszusammensetzungen – von der Alkali-, besonders Natriumionenkonzentration der Lösung. Der Effekt wird bei der Messung des pH-, bzw. pNa- usw. Wertes einer Lösung mit einer Glaselektrode ausgenutzt.

Da Glas selbst keine Elektrode darstellt, wird das Zweiphasensystem Lösung/Glas zu einem Mehrphasensystem mit metallischen Endphasen (Elektronenleitern) erweitert. Der Aufbau der so entstehenden Glaselektrodenmeßkette ist schematisch in Abb. 6.16 dargestellt. Als Innenableitung und Bezugselektrode werden Silber/Silberchlorid-, Kalomel- und Thalamid®-Elektroden (Schott) verwendet; letztere haben den Vorzug großer Reproduzierbarkeit und Einsatzfähigkeit bei hohen Temperaturen (bis 135 °C).

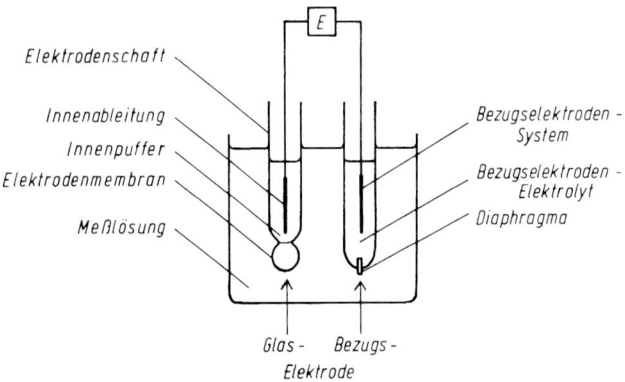

Abb. 6.16: Schematische Darstellung einer Glaselektrodenmeßkette. Die gemessene Kettenspannung E setzt sich aus den Spannungen an den einzelnen Phasengrenzen (z. B. Innenableitung/Innenpuffer, Innenpuffer/Elektrodenmembran etc.) zusammen, die bis auf die interessierende Spannung an der Grenzfläche Elektrodenmembran/Meßlösung konstant gehalten werden. E ist damit eine Funktion des unbekannten pH-Wertes. Das Diaphragma verhindert eine Durchmischung von Bezugselektroden-Elektrolyt und Meßlösung, ermöglicht aber ihren Kontakt.

6.7 Optische Gläser und Brillengläser

6.7.1 Eigenschaften und Klassifizierung der optischen Gläser

Bei Gläsern für optische Zwecke sind die entscheidenden Eigenschaften ihre Lichtbrechung und Dispersion (Farbzerstreuung), die durch den Brechungsindex n_λ (auch Brechwert oder Brechzahl genannt) festgelegt sind. Der tiefgestellte Index drückt die Abhängigkeit des Wertes n von der Wellenlänge (λ) des Lichts aus, und zwar wächst n grundsätzlich bei allen Gläsern vom Roten zum Blauen, also mit abnehmendem λ. Steigendes n bedeutet stärkere Ablenkung eines Lichtstrahls bei schrägem Einfall auf die Glasoberfläche. Der Verlauf von n_λ wird durch einige Standard-Spektrallinien von chemischen Elementen gekennzeichnet (Abb. 6.17). Die am häufigsten benutzten Spektrallinien sind die gelbe Helium-Linie d bei 587,6 nm, die grüne Quecksilberlinie e bei 546,1 nm sowie die blaue und rote Wasserstofflinie F und C bei 486,1 und 656,3 nm. Die Differenz $n_F - n_C$ wird als Hauptdispersion und das Verhältnis $(n_d -1)/(n_F - n_c)$ wird als Abbe-Zahl ν_d bezeichnet. Zur optischen Kennzeichnung trägt man die optischen Gläser in ein Diagramm ein, dessen Abszisse die Abbe-Zahl ν_d und dessen Ordinate der Brechungsindex n_d ist (vgl. Abb. 6.18). Die Lage eines Glastyps in diesem Diagramm wird üblicherweise als optische Lage bezeichnet. Für zwei verschiedene Glä-

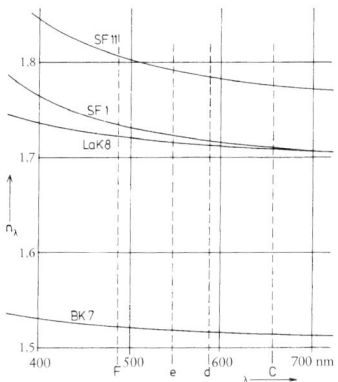

Abb. 6.17: Wellenlängenabhängigkeit der Brechzahl (Dispersion) einiger optischer Gläser

ser mit normalem Dispersionsverhalten gilt, daß bei Übereinstimmen von n_d und ν_d auch die übrigen Dispersionen weitgehend übereinstimmen. Für »Normalgläser« wird daher das gesamte Brechwertverhalten im wesentlichen durch diese zwei Größen bestimmt.

Eine niedrige Abbe-Zahl ν_d kennzeichnet ein Glas mit hohem Farbzerstreuungsvermögen. Solche Gläser werden als Flintgläser bezeichnet. Kronlgläser haben dagegen relativ hohe Abbe-Zahlen. Die Abbe-Zahlen der optischen Gläser liegen zwischen 20 und 90, die Grenze zwischen Kron- und Flintgläsern liegt definitionsgemäß bei einer Abbe-Zahl von 50. Die historische Enwicklung der optischen Gläser ist von drei wesentlichen aufeinanderfolgenden Stadien bestimmt worden: vor 1880 bestanden optische Systeme nur aus einfachen Krongläsern (Natronkalk-Silicatgläsern) mit relativ niedriger und aus einfachen Flintgläsern (Blei-Alkali-Silicatgläsern) mit relativ hoher Dispersion. – Zwischen 1880 und 1895 ergaben ausführliche Glasschmelzversuche mit BaO-, B_2O_3- und Fluorid-Zusatz von O. Schott eine Vielzahl neuer Gläser. Bariumoxid führt bei relativ hoher Brechzahl zu ungewöhnlich niedriger Dispersion; Bortrioxid bewirkt einen niedrigen Brechungsin-

dex und eine sehr niedrige Dispersion, auch Fluor anstelle von Sauerstoff erniedrigt den Brechungsindex und die Dispersion. – 1930 setzte eine dritte Welle der Entwicklung neuer Gläser ein. Aus diesen Arbeiten resultieren die optischen Gläser mit Seltenen Erden, insbesondere Lanthan. Diese Typen haben den Bereich der optischen Gläser in Richtung auf hohen Brechungsindex und gleichzeitig möglichst hohe Abbe-Zahl erweitert, was für die Beseitigung von Abbil-

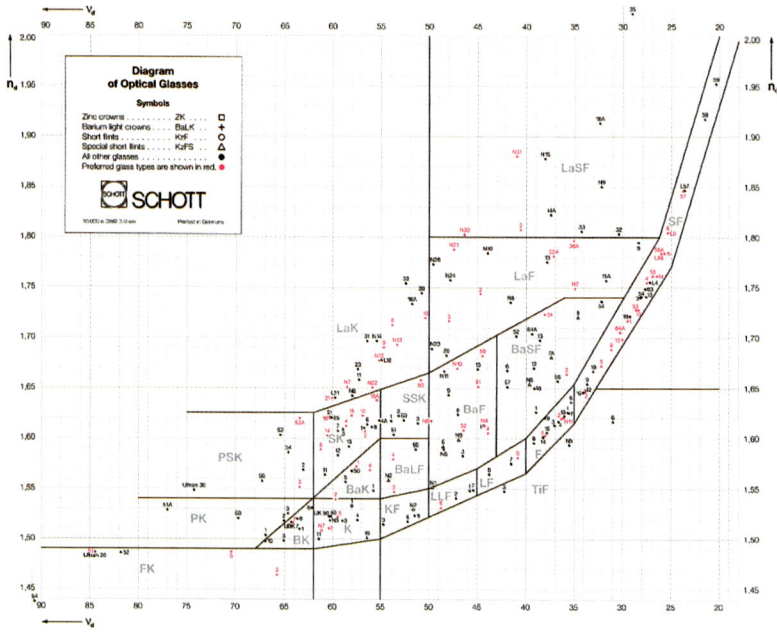

dungsfehlern in Objektiven entscheidend war.

Bezeichnet werden die optischen Gläser traditionsgemäß durch eine Kombination der Begriffe »Kron« und »Flint« mit den Begriffen »Schwer« für hohen und »Leicht« für niedrigen Brechungsindex. Untergruppen erhalten ergänzende Bezeichnungen entsprechend der für ihre optische Lage charakteristischen chemischen Komponenten (z. B. Bariumschwerflint BaSF oder Phosphorschwerkron PSK, vgl. Abb. 6.18).

Bariumkrongläser enthalten vorwiegend Bortrioxid und Bariumoxid, wobei der SiO_2-Gehalt relativ niedrig bleibt. Kleinere Zugaben, z. B. von Aluminiumtrioxid, stabilisieren das Glas gegen Entglasung und Verwitterung. In Fluorkrongläsern verhindern Zugaben an Aluminiumoxid das Kristallisieren der Fluoride. Die Borosilicatkrongläser entsprechen den technischen Borosilicatgläsern, in ihnen wird das Calciumoxid normaler Natronkalk-Silicatgläser durch Bortrioxid ersetzt.

Die leichten und schweren Flintgläser bzw. Bariumkrongläser unterscheiden sich durch niedrige und hohe Blei- bzw. Barium-Gehalte. Dabei enthalten Bariumflintgläser nebeneinander Bariumoxid und Bleioxid;

Kronflintgläser enthalten Calciumoxid und Bleioxid, wodurch sich mittlere Dispersionen ergeben. In neuester Zeit sind auch Flintgläser erhältlich, die kein Bleioxid mehr enthalten.

Besonders wichtig für die Herstellung hochwertiger optischer Systeme mit mehreren Linsen sind optische Gläser, mit denen man nicht nur Achromate, sondern auch Apochromate bauen kann. Bei einem Achromat ist der Farbfehler nur für zwei Farben (z. B. Blau und Rot) behoben, im Zwischengebiet bleibt jedoch ein Restfehler (»sekundäres Spektrum«); bei einem Apochromat dagegen ist auch in diesem Teil des Spektrums der Farbfehler weitgehend korrigiert. Dies erreicht man mit Spezialgläsern mit abweichender Teildispersion, welche zwar den gleichen n_d- und v_d-Wert wie entsprechende Flintgläser besitzen, aber einen wesentlich kürzeren Brechzahlanstieg vom Blau zum Ultraviolett als das vergleichbare Flintglas haben (daher die Bezeichnung »Kurzflint«).

Ein Interesse an Glastypen mit stark abweichender Teildispersion besteht vor allem bei Objektiven mit großem Durchmesser und großer Brennweite. Das Auflösungsvermögen solcher Systeme für feinste Details ist so sehr

---

Abb. 6.18: Einordnung der optischen Glasarten

Abkürzungen: B = Bor; Ba = Barium; F = Flint; K = Kron; L = leicht; La = Lanthan; F = Fluor; LL = doppelleicht; P = Phosphat; S = schwer; SS = doppelschwer; Ti = Titan

Die Punkte geben die Lage der verschiedenen optischen Gläser im n_d/v_d-Diagramm wieder.

gesteigert, daß sich geringste Farbfehler bemerkbar machen.

Bei den optischen Gläsern werden heute weit höhere Qualitätsansprüche gestellt als bei den meisten übrigen Gläsern. Gefordert werden vor allem Schlierenfreiheit, optische Homogenität (= Konstanz der Brechzahl innerhalb einer Schmelze), möglichst geringer Blasengehalt, geringe Absorption in definierten Spektralbereichen und niedrige Doppelbrechung, die durch Spannungen im Glas verursacht wird. Die Herstellung von Gläsern extrem hoher Homogenität mit einer Schwankung der Brechzahl von $\Delta n_d \leq 1 \cdot 10^{-6}$ ist heute durch Spezialverfahren möglich.

Eine Anwendung für Gläser solch hoher Homogenität liegt in der Fertigung von integrierten Schaltkreisen (IC) mittels Mikrolithographieverfahren in der Halbleiterindustrie. Dabei wird die Vorlagenmaske des Chips in den sogenannten Wafersteppern mit Hilfe einer hochauflösenden Abbildungsoptik auf die Siliciumwafer projiziert.

Brechwertschwankungen in den einzelnen Linsen des Objektivs führen direkt zu einer Verzerrung der Abbildung und damit zu Defektstrukturen auf dem Chip. Der Nachweis einer Brechwert-Homogenität von bis zu $\Delta n \leq 0.25 \cdot 10^{-6}$ innerhalb eines Linsenrohlings bis 250 mm Durchmesser stellt eine extreme Herausforderung an die Interferometrie dar, die gemäß der steigenden Anforderungen ständig weiter entwickelt wird.

Für die Herstellung von Chips mit Leiterbahnstrukturen einer Breite von 0.3 μm wird UV-Licht mit einer Wellenlänge von 365 nm eingesetzt. Die verwendeten Gläser müssen daher auch eine UV-Transmission > 99.5% aufweisen. Die transmittierte Intensität bestimmt entscheidend die Belichtungsdauer des einzelnen Wafers und damit den Durchsatz und die Rentabilität der Chip-Produktion.

Bei den hohen Anforderungen an die Gläser für die Mikrolithographie-Optik spielt das Grundmaterial eine entscheidende Rolle. Extreme Reinheit und Homogenität der Rohstoffe sind oberstes Gebot für die exakte und feine optische Abbildung.

6.7.2 Strahlungsdurchlässigkeit; Farbfilter

Transmission, Absorption und Reflexion sind Eigenschaften, die sowohl für optische Farb- und Filtergläser als auch für gefärbte Brillengläser von Bedeutung sind. Licht, das auf eine Glasscheibe auftrifft, wird z. T. reflektiert, z. T. im Glas absorbiert, der Rest wird durchgelassen (vgl. Abb. 4.14). Der Reflexionsgrad r ist das Verhältnis des von einer Fläche zurückgeworfenen Lichtstroms zum aufgestrahlten Lichtstrom.

Der spektrale Transmissionsgrad (λ) ist das Verhältnis des vom Körper durchgelassenen Lichtstroms zum aufgestrahlten Lichtstrom ($\leq 5 \cdot 10^{-7}$). Die Reflexionsverluste von einfachen Natron-Kalk-Silicatgläsern betragen bei senkrechtem Einfall ungefähr 4% für jede Fläche, steigen jedoch ab et-

Abb. 6.19: Farbfiltergläser

wa 40° Einfallswinkel stark an bis 100 % bei streifendem Einfall (90°). Absorption tritt ein, wenn die Quantenenergie des Lichts ausreicht, um die im Glasnetzwerk gebundenen Elektronen anzuregen. In Quarzglas und Natron-Kalk-Silicatgläsern ist die Bindung der Sauerstoffatome mit dem Silicium bzw. den Kationen so fest, daß Elektronenanregung nur durch UV-Licht erfolgen kann; diese Gläser sind daher für sichtbares Licht voll durchlässig. Schon durch geringe Konzentrationen an Nebengruppen-Elementen (s. unten) entstehen jedoch neben starken Absorptionsbanden im UV auch breite Banden im sichtbaren Spektralbereich bis ins Infrarotgebiet. Hier liegen außerdem mehrere schmalere Absorptionsgebiete, die auf eingebaute OH-Gruppen und Wassermoleküle im Glas zurückzuführen sind. Für Infrarot-Wellen oberhalb 5 µm sind alle Silicatgläser infolge der Eigenschwingungen der Si-O-Gruppen, welche diese Wel-

len absorbieren, undurchlässig. Gläser für IR-Optiken dürfen daher kein SiO_2 und für den Wellenbereich oberhalb 6 µm überhaupt keine Oxide enthalten; an ihre Stelle treten Verbindungen von Schwefel, Selen, Arsen, Antimon und Germanium. Neuerdings werden auch oxidfreie Fluoridgläser auf ZrF_4- und HfF_4-Basis, meist mit Zusatz von BaF_2 oder ThF_4 eingesetzt, die von 0,2–9 µm transparent sind und hauptsächlich für infrarot-optische Systeme gebraucht werden. Bei ihrer Herstellung muß die Anwesenheit von Sauerstoff absolut ausgeschlossen sein.

Die Färbungen, welche durch Absorptionsbanden von Nebengruppen-Elementen (z. B. Cu, Ti, V, Cr, Mn, Fe, Co, Ni u. a.) in Gläsern entstehen, sind sehr verschieden (vgl. 2.4, S. 30). Auch die Struktur des Grundglases beeinflußt das Absorptionsspektrum in gewissem Umfang; jeder Wechsel der Bindungsverhältnisse in der Glasstruktur wirkt sich auf die Elektronenbindungen und damit auf die Farbeigenschaften aus.

Durch den Einbau von Seltenen Erden werden dagegen vor allem schmalbandige Absorptionsstellen erzeugt. Darauf beruht die Verwendung solcher (meist Neodym-haltiger) Gläser zur Erzeugung von Laser-Strahlung. Laser (Abkürzung von »Light Amplification by Stimulated Emission of Radiation«) sind Lichtquellen, bei denen die Anregungsenergie einer Pumplichtquelle (Xenon- oder Krypton-Blitzlampe) in monochromatisches kohärentes Licht hoher Intensität umgewandelt wird.

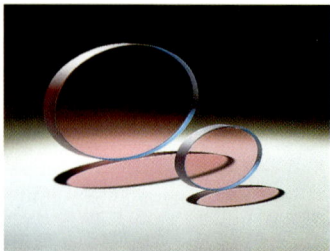

Abb. 6.20: Lasergläser

Sie werden z. B. zur Werkstoffbearbeitung, in der Meßtechnik, optischen Nachrichtenübertragung und Augenheilkunde eingesetzt. Die angeregten Neodym-Ionen im Glas emittieren Infrarot-Strahlung von 1,06 μm Wellenlänge.
Die Steilkantenfarbgläser stellen die zweite große Gruppe im Bereich der Farbgläser dar. Sie unterscheiden sich hinsichtlich ihrer Herstellung und Eigenschaften von den ionengefärbten Gläsern grundlegend.
Die Gläser, die die Steilkantenfilter bilden, sind nach dem Guß zunächst nur wenig gefärbt. In einer nachfolgenden Temperaturbehandlung entwickelt sich je nach Dotierung mit den Chromophoren und der Dauer der Temperung eine intensive gelbe, orange oder rote Farbe. Wegen dieses sogenannten Anlaufprozesses, bei dem sich die UV-Kante steiler aufrichtet und zu höheren Wellenlängen verschiebt, werden diese Gläser auch als Anlaufgläser bezeichnet.
Im Gegensatz zu den ionengefärbten Gläsern absorbieren die Anlaufgläser vom UV bis zur Absorptionskante das eingestrahlte Licht sehr stark, während im längerwelligen Bereich das Licht praktisch ungehindert durchgelassen wird.
Schmalbandfilter, die nur für einen engeren spektralen Bereich mit Halbwertsbreiten < 0,05 μm durchlässig sind, lassen sich mit Absorptionsgläsern kaum realisieren, ebensowenig Filter mit steilem Abfall der Transmission nach längeren Wellen. Solche Anforderungen können jedoch durch Interferenzfilter erfüllt werden, die meist aus vielfachen Schichten mit unterschiedlichen Brechzahlen und je nach Typ auch mehreren Metallschichten aufgebaut sowie oft noch mit einem Farbfilterglas kombiniert sind.

6.7.3 Brillenglas

Für die Korrektur der Fehlsichtigkeit und für den Schutz des Auges gegen unerwünschte Lichteinstrahlung gibt es eine Reihe Spezialgläser. Sie werden mit großer Homogenität in elektrisch beheizten Aggregaten erschmolzen.
Das farblose Brillenkronglas besitzt einen Brechwert von 1.5230. Die Krümmungsradien der Flächen, welche die Glaslinsen begrenzen, und der Brechwert des Glases bestimmen die optische Wirkung des Brillenglases. Die Brechkraft D ist der Kehrwert der Brennweite (in m) und wird in Dioptrien (dpt) angegeben. Ein Brillenglas von ± 2 dpt hat also eine Brennweite von 0,5 m.
Brillenkrongläser haben einen linearen Wärmeausdehnungskoeffizienten zwischen 20 und 300 °C von 9.5 ·

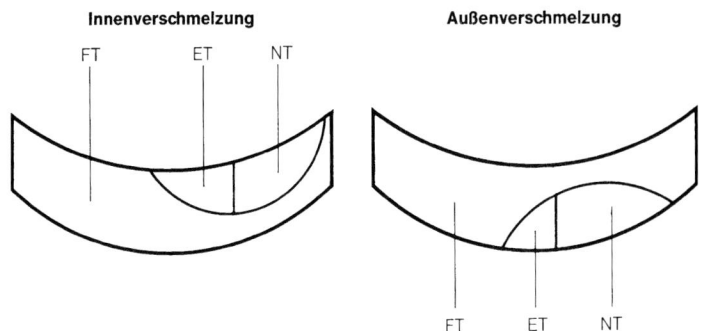

Abb. 6.21: Verschmolzene Mehrstärkengläser im Querschnitt, links die Innenverschmelzung, rechts die Außenverschmelzung. Bei beiden Verfahren wird zuerst das Nahteilglas NT mit höherem Brechungsindex (als das Fernteilglas FT) mit dem Ergänzungsteil ET verschmolzen. Dann werden in einem zweiten Schritt diese beiden zu einem Körper verschmolzenen Teile (NT + ET) entweder auf der konkaven oder auf der konvexen Seite des Fernteils FT aufgeschmolzen.

10^{-6}/K. Die Viskosität-Temperaturabhängigkeit entspricht annähernd der eines Natronkalk-Silicatglases. Beide Größen (Wärmedehnung und Viskositätsverhalten) sind ausschlaggebend für die Verschmelzbarkeit dieses Brillenkronglases mit speziellen Flintglastypen, um Mehrstärkengläser (Bifokal- und Trifokalgläser) mit eingeschmolzenen Nahteilen herstellen zu können (s. Abb. 6.21). Mit steigender Dioptrienzahl (ab ± 4 dpt) müssen die Rand- bzw. Mitten-

zonen bei Kronglasbrillen sehr dick gemacht werden, so daß ihr Gewicht für den Brillenträger unangenehm wird. Daher wurden leichtere Gläser mit hoher Brechzahl entwickelt, aus denen dünnere Brillengläser bei gleicher Brechkraft hergestellt werden. Die entsprechenden Gläser sind in Tabelle 6.4 zusammen mit der Brechzahl n_e und der Abbe-Zahl ν_e zusammengestellt.

Die höherbrechenden Krongläser (Hi-Crown) sind besonders gut ge-

Tab. 6.4: Brechwert, n_e, und Abbe-Zahl, ν_e, von hochbrechenden Brillengläsern

Glasart	Hi-Crown 42	Hi-Crown 45	SF 64	BaSF 64	LaSF 36A	LaSF 39
n_e	1.6040	1.6040	1.7064	1.7052	1.8000	1.8939
ν_e	41.8	45.1	30.5	39.3	35.4	30.4

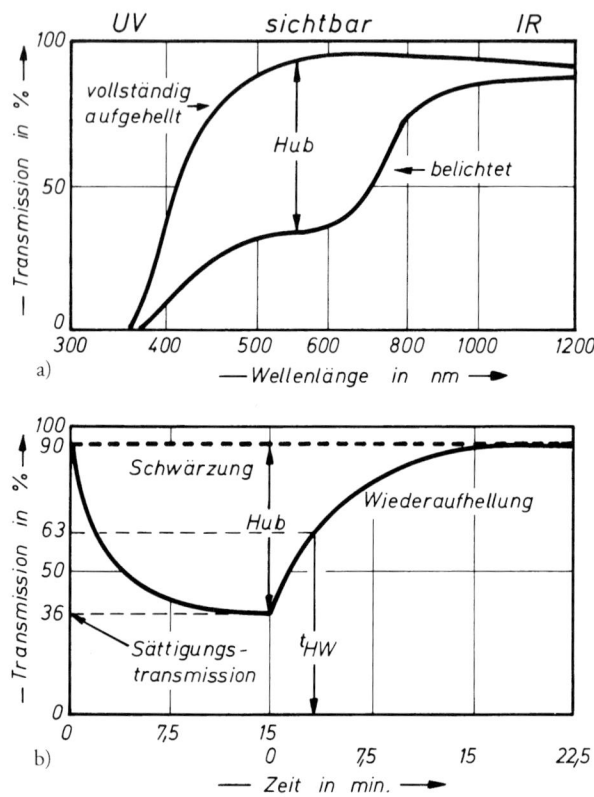

Abb. 6.22: Phototropes Brillenglas. a) Spektrale Transmission im belichteten und aufgehellten Zustand; b) Schwärzung und Wiederaufhellung

eignet für die Herstellung von dünnen Gläsern im unteren und mittleren Dioptriebereich. Die inzwischen millionenfach bewährte Glasart SF 64 eröffnete die Reihe der hochbrechenden Brillengläser, deren Eigenschaften durch die Glasart BaSF 64 verbessert wurden. Die Glasarten LaSF 36A und LaSF 39 schafften die Möglichkeit, bei auch extrem hohen Dioptriewerten ästhetisch ansprechende Brillengläser herzustellen.

Die Festigkeit von Brillengläsern wurde aus Sicherheitsgründen durch thermische und besonders chemische Verfahren so verbessert, daß einige Spezialgläser 8mal höhere Festigkeitswerte aufweisen als normales Brillenglas.

Bei den farbigen Absorptionsgläsern unterscheidet man zwischen leicht getönten Komfortgläsern und Sonnenschutzgläsern. Beide Typen sind Brillenkrongläser mit Brechwerten von 1.5230 und unterscheiden sich meist nur in der Farbkomponente. Die getönten Absorptionsgläser, meist mit Rosé-Farbtönen, haben Transmissionswerte zwischen 85 und 60% (bezogen auf 2 mm Glasdicke). Als Sonnenschutzgläser werden vorwiegend braune und graue, in Amerika auch grüne Gläser mit Transmissionen zwischen 65 und 20 % Transmission (bezogen auf 2 mm Glasdicke) verwendet. Als färbende Oxide werden die von Eisen, Kobalt, Nickel, Kupfer, Mangan (vgl. 2.4) sowie die Kombination von Eisenoxid mit Selenoxid verwendet. Modische Tönungen, z. B. in blau oder gelb, vervollständigen die Farbskala. Gute

Sonnenschutzgläser haben auch in den infraroten und ultravioletten Spektralbereichen, die das menschliche Auge nicht wahrnimmt, die aber teilweise augenschädlich sind, möglichst niedrige Transmissionswerte. Schutzgläser gegen Infrarotstrahlung haben eine starke Farboxid-Konzentration (KG-Gläser von Schott oder die Athermal-Schweißer-Schutzgläser der Deutschen Spezialglas AG). Diese Gläser besitzen im sichtbaren Spektralbereich eine definierte, zur Durchsicht gerade ausreichende Transmission; im Spektralbereich, der für das Auge schädlich ist, sind sie jedoch optisch nahezu undurchlässig.

Bei phototropen Brillengläsern vermindert sich durch Bestrahlung mit ultraviolettem oder kurzwelligem sichtbaren Licht die Durchlässigkeit im sichtbaren Spektralbereich; nach Beendigung der Belichtung geht sie in kurzer Zeit wieder auf den Ausgangswert zurück (Abb. 6.22). Diese »Phototropie« genannte Eigenschaft beruht auf silberhalogenidhaltigen, glasigen oder kristallinen Ausscheidungen submikroskopischer Größe (Durchmesser etwa 5–30 nm, Konzentration ca. 1 : 2000). Bei der Herstellung werden dem Gemenge (meist Borosilicatgrundgläser) Silbersalze und Halogenide (Metallverbindungen mit Fluor, Chlor oder Brom) zugegeben. Durch eine definierte Temperaturführung während und nach dem Schmelzprozeß bilden sich die silberhalogenidhaltigen Ausscheidungen, welche die Phototropie verursachen. Der Brillenglas-Sektor ist eines der wenigen Gebiete, auf denen dem Glas

Abb. 6.23: Phototropes Brillenglas mit verlaufendem Schwärzungsgrad (Dégradé-Glas), links unbelichtet, rechts belichtet

eine Konkurrenz durch Kunststoffe entstanden ist. Für einfache, meist modisch gefärbte Blendschutzbrillen und Industrie-Schutzbrillen werden Stoffe wie Acrylglas (chemisch: Poly-methylmethacrylat) oder Polycarbonate verwendet, die sich aber nicht für Korrektionsbrillen eignen. Hierfür hat sich am Markt u. a. das »CR 39« (Abkürzung für Columbia Resin 39 der US-Firma Pittsburgh Plate Glass; chemisch: Poly-diethylenglykol-diallyl-biscarbonat) durchgesetzt, allerdings vorwiegend beschränkt auf schwache Dioptrien, da sonst wegen der niedrigen Brechzahl unerwünscht stark gekrümmte Linsen erforderlich sind. Dieses Material weist neben guter optischer Qualität auch eine meist ausreichende Wisch- und Kratzfestigkeit auf. Um letztere

Abb. 6.24: »Heiße Zelle« mit Strahlenschutzfenster

Eigenschaft ähnlicher der des Glases zu machen, werden Kunststoff-Schutzbrillen – zum Teil auch CR 39 – mit härteren dünnen Schichten überzogen, die im allgemeinen aus Lösungen von organischen Siliciumverbindungen (vorzugsweise Methyl-Polysiloxanen) niedergeschlagen werden; in Sonderfällen hat man auch schon Aufdampfglas (4.3.1) verwendet.

Abb. 6.25: Optische Glasblöcke für z. B. Cerenkov-Zähler

6.7.4 Optische Spezialgläser für die Kerntechnik und Strahlenforschung

Eine besondere Gruppe stellen *Strahlenschutzgläser* und strahlenresistente optische Gläser dar, die speziell für die Kerntechnik entwickelt wurden. Bei den Schutzfenstern für »heiße Zellen« wird die starke Absorption der radioaktiven Strahlungen durch Blei ausgenutzt. Da diese bleihaltigen Gläser unter der Einwirkung von α- oder β-Strahlung zur Verfärbung neigen, werden sie mit Ceroxid stabilisiert. Das häufig verwendete Strahlenschutzglas RS 520 G 5 von Schott enthält z. B. 0,5 % CeO_2. Eine Scheibe aus diesem Glas hat etwa die gleiche Absorptionswirkung für Kernstrahlung wie eine halb so dicke Blei-Platte.

Optische Bleigläser dienen ferner in der *Strahlenforschung* zum Nachweis und zur Bestimmung der Energie schnellbewegter geladener Elementarteilchen (Elektronen, Positronen, Höhenstrahlung u. a.).

Dosimetergläser dienen zur Messung der Dosismengen von γ-Strahlen, insbesondere kleiner Dosen in der Personendosimetrie. Spezielle Glastypen gibt es auch für die Neutronendosimetrie (Schwellwert-Detektoren).

Man verwendet hierfür meist kobalt- oder silberhaltige Phosphatgläser, die bei Bestrahlung Farbzentren bilden. Die kobalthaltigen Gläser verfärben sich unter Strahleneinwirkung zwischen 425 und 370 nm. Die Silberphosphatgläser lassen bei Bestrahlung Silberkeime entstehen, deren Fluoreszenzintensität bei Anregung mit ultraviolettem Licht ein Maß für die Anzahl der Störzentren und damit die aufgenommene Strahlendosis ist.

6.7.5 Herstellung von optischem Glas

Das ältere Verfahren zum Erschmelzen optischer Gläser bediente sich meist keramischer Tiegel (Hafen genannt), die je nach Volumen allein oder bis zu 10 Stück in Hafenöfen, meist regenerativ mit Gas beheizt, standen. Glasschmelzen in großen Häfen (bis zu 800 Ltr. und mehr) wurden mit speziellen Rührwerken

Abb. 6.26: Optische Rohgläser für Brillen

homogenisiert, nachdem das Gemenge eingelegt und aufgeschmolzen war. Nach Erreichen der gewünschten Homogenität wurde der Hafeninhalt in schmelzflüssigem Zustand in eine rechteckige Stahlform gegossen, so daß das Glas als Quader erstarrte und dem Kühlprozeß unterworfen werden konnte.

Wegen der geringen Rentabilität solcher Verfahren einerseits und der starken Kristallisationsneigung mancher optischer Gläser andererseits hat man die Hafenschmelze fast völlig aufgegeben. An ihrer Stelle benutzt man für Schmelzen optischer Gläser bei größeren Mengen heute meist die Wannenschmelze, kleinere Mengen werden in Platintiegeln oder Quarztiegeln (je nach Glaszusammensetzung) hergestellt. Die Wannenschmelze für optische Gläser entspricht weitgehend den in anderen Bereichen der Glasherstellung angewandten Schmelzverfahren (vgl. Abschn. 3).

Eine sorgfältig programmierte Kühlung ist für optische Gläser von besonderer Bedeutung. Die Art der Kühlbehandlung ermöglicht in manchen Fällen eine Feinkorrektur der Brechwerte.

Ebenso wie die Hafenschmelze lassen sich bei der Wannenschmelze Blöcke produzieren, die leicht der optischen Qualitätskontrolle unterworfen werden können. Daneben setzen sich heute kontinuierlich hergestellte Profile wie Barren, Rundstangen oder Dreiecksprofile durch, aus denen sehr rationell optische Glasteile durch die verarbeitende Industrie zu erzeugen sind. Mit Hilfe von Drehtischpressen lassen sich direkt im Anschluß an die Wanne mit Hilfe geeigneter Dosiereinrichtungen, wie z. B. automatischer Scheren, Prismen, Linsen und Brillengläser als Rohling formen.

6.7.6 Mikrokugeln

Anwendungen und Eigenschaften
Farblose und farbige Gläser mit verschiedener Lichtbrechung in Form von Kugeln finden nicht nur für Modeschmuck, sondern auch in der Technik vielseitige Anwendung.

In erheblichem Umfang werden sie aufgrund ihrer optischen Eigenschaf-

Abb. 6.27: Komponenten aus optischen Gläsern

Abb. 6.28: Automatisches Pressen von Linsen

ten als Mikrokugeln mit einem Durchmesser ≤ 0,2 mm für reflektierende Schilder sowie für Projektionswände eingesetzt. Zu diesem Zweck werden Mikrokugeln mit einem Durchmesser von 0,10–0,16 mm und einer Lichtbrechzahl bis etwa 1,70 in farbige oder fluoreszierende Kunststoffe oder Lacke eingebettet, um deren Reflexionseigenschaften zu verstärken. Weit verbreitet sind ferner rückreflektierende Folien mit eingedrückten Glasperlen, die vor allem zur Erkennung von Verkehrszeichen und Straßenmarkierungen bei Nacht eine wichtige Rolle spielen. Die kugeligen Perlen wirken als optische Lin-

sen, die von fern kommendes Licht an einem Punkt konzentrieren, der sehr nahe hinter der Rückfläche der Perle liegt. Liegen nun viele Perlen mit etwa gleichen Durchmessern nebeneinander, so werden alle Strahlen auf eine Fläche hinter den Perlen fokussiert, in der eine hochreflektierende Metallfolie angebracht ist. Das einfallende Licht wird dadurch wieder in sich zurückgestrahlt (s. Abb. 6.29 und 6.30).

Der Abstand des Brennpunktes von der Rückseite der Kugel (f) ist abhän-

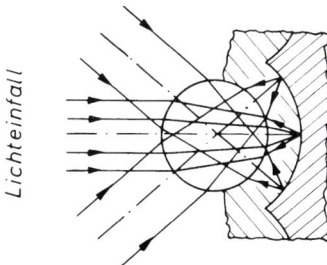

Abb. 6.29: Strahlengang in einem retroreflektierenden System mit Glaskugel

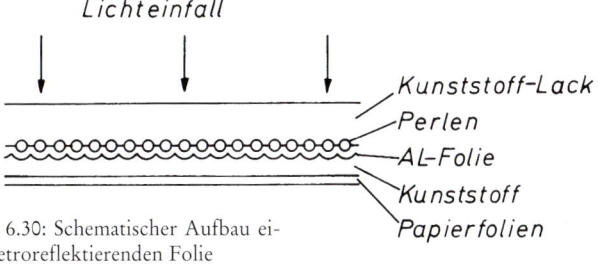

Abb. 6.30: Schematischer Aufbau einer retroreflektierenden Folie

gig von dem wirksamen Brechungsindex $N = n/n_0$ (n, n_0 = Brechzahlen der Kugel und des umgebenden Mediums) und vermindert sich mit steigendem n.

Für diese rück- oder retroreflektierenden Folien werden daher meist sehr hochbrechende Gläser mit n bis zu 2,30 verwendet. Solche Gläser bestehen entweder aus Bleialkalisilicaten oder aus den chemisch beständigeren bleifreien Barium-Titan-Zirkonborosilicaten.

Herstellungsverfahren

Die Methoden zur industriellen Herstellung von Glaskugeln richten sich nach der Glaszusammensetzung und der gewünschten Größe der Kugeln. Für kugelige Mikrokugeln (Durchmesser $\leq$ 0,1 mm) aus niedrigschmelzendem Calciumalkaliborosilicat- oder Bleialkalisilicatglas (Lichtbrechung n 1,5–1,65) werden folgende Herstellungsmethoden benutzt:

– Für leicht schmelzbare Gläser ist das Fallschachtverfahren das einfachste. Das vorgesiebte fraktionierte Glaspulver von etwa gewünschter Kugelabmessung rieselt durch einen beheizten Schacht, wobei die einzelnen Partikel geschmolzen werden und Kugelform annehmen. Die Kugeln fallen in einen Auffangbehälter unterhalb des Schachts.

– Bei einem anderen Verfahren wird vorgesiebter fraktionierter Glasbruch einer gewünschten Kugelabmessung in einen Ofen mit einer nach oben gerichteten Flamme geführt. Bedingt durch die Temperatur und die Oberflächenspannung der Gläser formen sich in der Flamme die Teilchen zu Kugeln, die durch den warmen Luftstrom nach oben in eine kühlere Zone getragen werden. In der kalten Zone verfestigen sich die Kugeln rasch und können dann in einem geeigneten Auffanggefäß aufgenommen werden.

– Die hochschmelzenden Bariumtitangläser und auch die hochbleihaltigen Gläser mit sehr hoher Lichtbrechung kristallisieren leicht. Die Abkühlung von der Kugelbildung bis zur Verfestigung muß daher sehr schnell erfolgen (Abschreckung ~ 1000 °C/s). Dies erreicht man z. B., indem der aus der Glasschmelze dünn auslaufende Strahl mittels einer Spritzpistole unter hohem Druck in eine Aufnahmekammer gesprüht wird.

Anwendung

Zur Verstärkung von im Spritzguß- und Extrusionsverfahren verarbeiteten Kunststoffen (z. B. Acetalpolymerisaten) werden bis zu 30 % Mikrokugeln dem Kunststoff zugesetzt. Dadurch gelingt es, verzugsarme Formteile mit sehr hoher Steifigkeit, Härte, Dimensionsstabilität, besserer Oberflächenhärte und Wärmeformbeständigkeit sowie gutem Gleitverhalten herzustellen.

Ein weiteres Einsatzgebiet für Glasmikrokugeln ist die Mikrostrahltechnik, d. h., ähnlich dem Sandstrahlen werden Mikrokugeln bei 4–6 bar zum Läppstrahlen und für feinste Entgratungsarbeiten eingesetzt. Die Mikrokugeln haben den polierenden Effekt von Kleinstkugelhämmern und erzeugen dadurch einen gewissen Glanz.

6.8 Glasfasern

Glasfaser ist ein Sammelbegriff für zu Fasern verarbeitetes Glas mit Durchmessern zwischen 0,1 mm und wenigen tausendstel Millimetern. Mit der Entwicklung von Techniken, niederviskose Glasmasse zu Fäden auszuziehen, sind dem Glas weitere, sehr breite und zukunftsträchtige Anwendungsgebiete eröffnet worden.

Schon seit längerer Zeit unterscheidet man hauptsächlich zwei Gruppen, nämlich Isolierglasfasern und Textilglasfasern. Beide Gruppen sind für verschiedene Anwendungsgebiete bestimmt, besitzen unterschiedliche Eigenschaften und sind aus abweichenden Glasarten gefertigt.

Hinzu kommen Lichtleitfasern oder optische Glasfasern, Spezialerzeugnisse jüngeren Datums, denen sich in Technik und Wissenschaft schnell vielfache Einsatzmöglichkeiten erschließen.

6.8.1 Isolierglasfasern

Sie werden aus Kalknatronglas meist im Schleuderverfahren mittels rotierender Scheiben hergestellt. Dabei werden Glaströpfchen durch Fliehkraft (Schleudern) zu Fasern endlicher Länge ausgezogen, die in der Luft abkühlen und erstarren. Beim Düsenblasverfahren wird das gleiche Ergebnis durch Luftströme erzielt, die für die Faserbildung des flüssigen Glases sorgen.

Die einzelnen Faserstücke verfilzen sofort miteinander. Man spricht deshalb auch von Glaswatte, die lose oder weiterverarbeitet Verwendung findet.

Das Eigengewicht von lose gehäuften Isolierglasfasern beträgt zwischen 30 und 200 Kilogramm je Kubikmeter. Das macht sie in hohem Maße für die Verwendung im Bauwesen geeignet, weil sich keine nennenswerte Belastung des Bauwerkes daraus ergibt. Isolierglasfaser verbindet sich leicht mit anderen Baustoffen (z. B. Mörtel und Putz). Die Beständigkeit von Glas sichert eine hohe Lebensdauer von Isolierglasfasererzeugnissen.

Erzeugnisse aus Isolierglasfasern
Glaswolle, ein anderer Name für Isolierglasfaser, kommt als lose Glaswatte oder in Form von Bahnen, Matten, Filzen, Platten, Schalen und Preßteilen zum Einsatz. Zu diesem Zweck wird die Glasfaser mit Kunstharz getränkt oder zwischen Papierbahnen gelegt. Durch Verformung der kunstharzgetränkten Glaswolle entstehen Schalen und andere Formteile, durch Pressen weiche Matten oder steife Platten.

Anwendung von Isolierglasfasern
Im Hochbau, vor allem in Wohnungen, geht es um die Isolierung gegen Kälte und Schall. In vielen Fällen wird die Glasfaser in der jeweiligen Handelsform (Matten, Platten usw.) zwischen das Mauerwerk gebracht. Zum anderen werden Wände oder

Böden mit einer Verkleidung aus Glaswollmaterial versehen. Dadurch werden in beträchtlichem Umfang Heizkosten eingespart. Auch Rohrleitungen können nach dem gleichen Prinzip gegen die Umgebung abgeschirmt werden. Die Schalldämmung von Isolierglasfaserprodukten beruht auf den vielen kleinen Hohlräumen, die für die Ausbreitung der Schallwellen sehr hinderlich sind. Im modernen Umweltschutz sind Isolierglasfasern unentbehrlich.

6.8.2 Textilglasfasern

sind ebenfalls aus geschmolzenem Glas gewonnene feine Fasern von gleichmäßigem, meist kreisrundem Querschnitt, die zu Fäden weiterverarbeitet werden können. Der Faserdurchmesser beträgt weniger als 18 µm. Nach Länge und Herstellungsverfahren werden Textilglasfasern nochmals in Glasfilamente und Glasstapelfasern unterteilt.

Glasseide
Darunter versteht man Einzelfasern (»Glasfilamente«) beliebiger Länge mit einem Durchmesser zwischen 5 und 18 µm, die aus geschmolzenem Glas gezogen sind. Praktisch verwertbar werden Glasfilamente erst durch Zusammenfassung zu Glasspinnfäden.
Zur Herstellung von Glasfaser-Filamentgarn wird ein besonderes Gemenge in Wannen erschmolzen, das Glas in Rinnen geleitet und nach unten durch sehr feine Platin-Düsen mit hoher Geschwindigkeit auf eine um-

Abb. 6.31: Glasstapelfaser-Vorgarne, -Garne, -Zwirne

laufende Trommel zu feinsten Fäden, den Filamenten, ausgezogen.

Glasspinnfäden
Bevor die Glasfasern auf der Trommel zu einem »Spinnkuchen« (auch Cake genannt) aufgewickelt werden, faßt man die Filamente in weitgehend paralleler Ordnung zu Glasspinnfäden zusammen, die aus 50 Filamenten oder einem Mehrfachen davon bestehen können. Anschließend werden die Spinnfäden von den Cakes abgespult und zu einem sogenannten Rovingstrang als Handelsprodukt zusammengeführt. Die Festigkeit frisch gezogener Glasspinnfäden beträgt bis zu 50 % der theoretisch berechneten Festigkeit des fehlerfreien Glases (s. 2.2). Durch Drehung mehrerer Spinnfäden entsteht Glasseidengarn, durch Vereinigung von Glasseidengarnen kommt man zu Glasseidenzwirn.

Glasstapelfaser
ist eine Textilglasfaser von endlicher Länge und bestimmtem Durchmesser. Etwa 95 % aller Glasstapelfasern werden heute nach dem Trommelziehverfahren hergestellt. Andere Verfahren haben aus wirtschaftlichen Gründen kaum mehr Bedeutung. Glasstapelfaser-Vorgarn wird in einem Zwei-Stufen-Prozeß meist aus C-Glas hergestellt. In einer ersten Stufe wird das Gemenge in Elektro-Wannenöfen erschmolzen und zu Pellets verarbeitet. In der sich anschließenden zweiten Stufe des Prozesses erfolgt dann die eigentliche Stapelfaserproduktion. Die Pellets werden Spinndüsen zugeführt und dort aufgeschmolzen. Bei Temperaturen von 1000 bis 1200 °C tritt die Schmelze aus den Öffnungen der Platindüsenleisten. In einem selbstanspinnenden Prozeß werden die an den Öffnungen entstehenden Glastropfen über eine rotierende Trommel zu Filamenten ausgezogen. Die abgekühlten Glasfäden werden mechanisch von der Trommel abgehoben und in einem Spinntrichter verwirbelt. Anschließend werden die Fasern zu einem Faserband zusammengefaßt und seitlich abgezogen. Das so entstandene Glasstapelfaser-Vorgarn wird auf zylindrische Kreuzspulen gewickelt. Es dient als Ausgangsprodukt für textile Weiterverarbeitungsverfahren oder kann direkt in der Weberei als Schußgarn eingesetzt werden.

Glasarten für Textilglasfasern
Am meisten verbreitet ist das sogenannte E-Glas. Es ist weitgehend alkalifrei (Natrium- und Kalium-Gehalt liegen unter 0,8 %) und zeichnet sich vor allem durch geringe Wasserempfindlichkeit und höhere Erweichungstemperatur aus. Seiner chemischen Zusammensetzung nach ist E-Glas ein Aluminium-Bor-Silicat-Glas. Kommt es in höherem Maße auf Säurefestigkeit an, findet S-Glas Verwendung, ein Alkali-Kalk-Glas mit erhöhtem Borzusatz, das in erster Linie für Glasstapelfasergewebe im Korrosionsschutz, für Abdichtungen und beim Oberflächenschutz eingesetzt wird. Darüber hinaus kommt noch D-Glas in Betracht, wenn die dielektrischen Eigenschaften im Vordergrund stehen, R-Glas bei hohen mechanischen Anforderungen und M-Glas für hohen Elastizitäts-Modul.

Verarbeitungshilfsmittel
Glasspinnfäden und Glasstapelfasern sind wegen der großen Empfindlichkeit ihrer Oberflächen nicht ohne weiteres zur Weiterverarbeitung geeignet. Deshalb werden auf die Fasern Substanzen aufgebracht, bevor sie weiter verarbeitet werden.
Schlichte und Schmälze sind organische Substanzen, mit denen die Glasfasern unmittelbar nach dem Ziehen in geringen Mengen überzogen werden. Dadurch werden die Scheuerwirkung von Glas auf Glas und die Gefahr einer mechanischen Beschädigung, etwa beim Verspinnen, auf ein Mindestmaß herabgesetzt. Bei

Glasspinnfäden wird der Zusatz Schlichte, bei Glasstapelfasern Schmälze genannt.

Haftvermittler
werden zur Verbesserung der Haftung zwischen dem Kunstharz und der Textilglaseinlage bei glasfaserverstärkten Kunststoffen benötigt. Haftvermittler werden entweder der Schlichte oder dem Kunstharz beigemischt. Sie sorgen für eine innige Verbindung beider Werkstoffe und verringern den Schwund bei der Härtung des Kunststoffes.

Glasfaserverstärkte Kunststoffe (GfK)
Hohe Zugfestigkeit bis rund 10^3 N/mm^2 und geringe Dehnung sind die Eigenschaften, welche die Glasfasern zur Verbesserung der mechanischen Eigenschaften von Kunststoffen geeignet machen. Die Festigkeit glasfaserverstärkter Kunststoffe ist um so höher, je größer der Glasfaseranteil ist. Die Fasern werden in Form von Spinnfäden, Bändern, Schnüren und Geweben in den Kunststoff eingelegt. In den Kunststoff eingebettet übernehmen die Glasfasern jegliche Belastung, bevor der Kunststoff selbst beansprucht wird. Stoßfestigkeit und starke Schwingungsdämpfung ermöglichen die Verwendung glasfaserverstärkter Kunststoffe zu Schutzhelmen, Karosserieteilen, Telefonzellen, Lautsprechergehäusen usw. Die Farbgestaltung ist unbegrenzt, und die Oberflächen benötigen wegen der Verwitterungsbeständigkeit keine Lackierung. Je nach dem Brechzahlenunterschied zwischen Fasern und Kunstharz können daraus durchsichtige oder durchscheinende Lichtkuppeln für den Bau, Beleuchtungskörper oder Lagertanks mit erkennbarem Flüssigkeitsstand hergestellt werden. Beständig ist das Material ferner gegenüber vielen Chemikalien, so daß sich daraus Säurebehälter, Galvanisiertröge, Rohrleitungen, Futtersilos und selbst Behälter für Getränke und Nahrungsmittel herstellen lassen.

Mit Polytetrafluorethylen (PTFE) beschichtetes Glasfasergewebe ist antiadhäsiv, chemikalien- und temperaturbeständig, schwer entflammbar und zeichnet sich durch hohe mechanische Festigkeit und sehr gute elektrische Isoliereigenschaften aus.

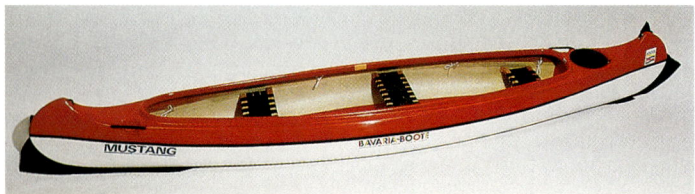

Abb. 6.32: Kanadier aus glasfaserverstärktem Kunststoff

Faserverstärktes Glas

Bruchfeste Gläser entstehen, wenn keramische Fasern (Kohlenstoff-, Siliciumcarbid) bei Temperaturen über 1000° C mit Glaspulver verpreßt werden. Der so entstandene Verbundwerkstoff ist haltbarer als Stahl, jedoch wesentlich leichter. Wegen seiner Temperaturstabilität eignet er sich besonders für Motoren- und Flugzeugbauteile.

6.8.3 Optische Glasfasern

Unter diesem Oberbegriff werden verschiedene hochwertige Erzeugnisse zusammengefaßt, die unter Verwendung von Lichtleitfasern hergestellt werden.

Lichtleitfasern

Optische Fasern oder Lichtleitfasern sind optische Systeme zur Weiterleitung von Licht und Übertragung von Bildern auf beliebig gekrümmten Wegen. Eine Lichtleitfaser ist ein dünner biegsamer Faden mit einem Durchmesser von wenigen hundertstel Millimetern. Sie besteht im Inneren aus hochbrechendem optischen Glas, dem Kern, der von niedrigbrechendem Glas, dem Mantel, umhüllt ist. Fällt ein Lichtstrahl innerhalb eines durch die Brechzahldifferenz von Kern und Mantel bestimmten Winkels auf das eine Ende der Faser, so wird er durch Totalreflexion an der Grenzschicht zwischen Kern und Mantel weitergeführt und tritt am anderen Faserende wieder aus. Die Mantelschicht isoliert die einzelnen Fasern optisch voneinander, so daß kein Licht von der einen zur anderen danebenliegenden Lichtleitfaser überwechseln kann. Lichtleitfasern, die nach diesem Prinzip arbeiten, werden auch Stufenindexfasern genannt.

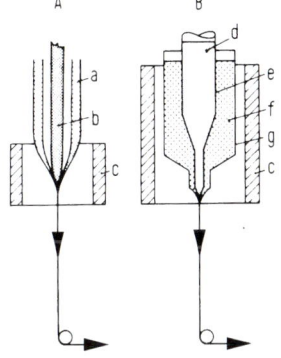

Abb. 6.34: Herstellung von Lichtleitfasern aus Kern- und Mantelglas nach dem Stab-Rohr-Verfahren (A), aus dem Doppeltiegel (B)
a Glasrohr, b Glasstab, c Ringofen, d Kernschmelze, e Innentiegel, f Mantelschmelze, g Außentiegel

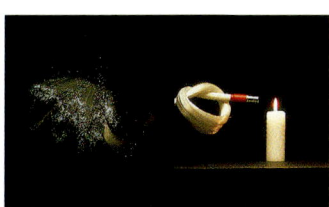

Abb. 6.33: Optische Lichtleitfasern führen Licht auch auf verschlungenen Wegen

Herstellung von Lichtleitfasern

Beim Stab-Rohr-Verfahren befindet sich ein Stab aus hochbrechendem Glas in einem Rohr aus niedrigbrechendem Glas. Im Ofen erhitzt, verschmelzen beide Gläser, werden gleichzeitig ausgezogen und auf Trommeln oder Spulen gewickelt. Der Faserdurchmesser ergibt sich aus dem Verhältnis der Nachführgeschwindigkeit des Stab-Rohr-Systems zur Ziehgeschwindigkeit der Faser. Nach dem Doppel-Tiegel-Verfahren schmelzen beide Glasarten in getrennten Schmelzgefäßen, bevor sie durch eine konzentrische Doppeldüse zur Faser ausgezogen und aufgewickelt werden.

Lichtleiter

sind Bündel von Lichtleitfasern, die über die ganze Länge (starre Lichtleiter) oder nur an den Enden (flexible Lichtleiter) miteinander verbunden sind. In der Regel sind die Endflächen senkrecht zur Faserachse geschliffen und poliert. Zum Schutz gegen äußere Einflüsse ist das Faserbündel von flexiblen Schläuchen oder starren Gehäusen umgeben.

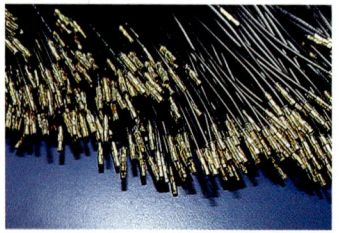

Abb. 6.35: Lichtleitkabel mit Glasfasern

Abb. 6.36: Beispiel für die Bildübertragung mittels eines starren Bildleiters

Bildleiter

bestehen aus einem Bündel von Lichtleitfasern, deren Enden in gleicher Lage einander zugeordnet sind. Auf diese Weise werden Bilder rasterförmig übertragen, wobei jede Faser einen Bildpunkt weiterleitet. Je kleiner der Faserdurchmesser, desto besser ist das Auflösungsvermögen, d. h. die Trennung zweier benachbarter Bildpunkte.

Lichtleitkabel

Durch Ummantelung von Faserbündeln mit Kunststoff gelangt man zu Lichtleitkabeln, die »endlos« hergestellt und auf Trommeln aufgewickelt werden. Im Aufbau entsprechen sie weitgehend einem elektrischen Kabel. Bei kurzen Längen tritt mitunter an die Stelle des Kunststoffmantels ein Metallschlauch. Für gewünschte Längen werden die abgeschnittenen Enden möglichst dicht gepackt in Metallhülsen eingebettet und anschließend geschliffen und poliert. Sie stellen kostengünstige Lichtleiter für die Massenanwendung dar.

Mit mehrarmigen Lichtleitern kann das Licht einer Lichtquelle an mehreren Stellen verteilt oder das Licht vieler Lichtquellen auf eine Stelle konzentriert werden. Ferner können die beiden Enden unterschiedliche Querschnittsformen aufweisen. Auf diese Art wird die Lichtstromverteilung verändert.

Anwendung der Glasfaseroptik
Lichtleiter werden überall dort eingesetzt, wo Lichtquellen in herkömmlicher Art ungeeignet sind. Die Medizin macht davon Gebrauch, indem die Übertragung von kaltem Licht in Endoskopen zur Beleuchtung innerer menschlicher Organe benutzt wird. Kleine Handlichtquellen mit vorgesetztem Blaufilter finden in der Dentalmedizin Anwendung: mittels aufgesetztem, gebogenem Faserstab dient das so geführte intensiv blaue Licht zur Aushärtung von sogenannten Composites in der Kariesprophylaxe.

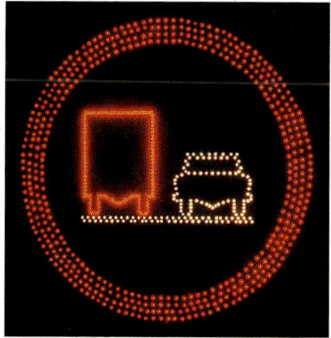

Abb. 6.37: Wechselzeichensignalgeber mit Lichtleitfasern

»Kaltes Licht« erhält man durch Ausfiltern der wärmenden Strahlungsanteile des Lichts, bevor es in den Lichtleiter eintritt. Auch bei der Mikroskopie und der Arbeitsplatzbeleuchtung, beispielsweise beim Restaurieren von antiken Kunstgegenständen, sind flexible Faserbündel zur Beleuchtung hilfreich. Des weiteren begegnen uns faseroptische Lichtleiter in Leseköpfen von Computern, im Schalttafelbau für Leuchtmarkierungen, zur Kontrolle von Ölbrennern (das Licht der Flamme wird zu einer geschützten Fotozelle übertragen), und in der Verkehrssignaltechnik für Wechselzeichensignalgeber. Dabei werden die Arme eines mehrarmigen Lichtleiters in einer Sichttafel zu Zeichen oder Zahlen angeordnet und von einer zentralen Lichtquelle aus beleuchtet. Seit geraumer Zeit wird die gezielte Lichtführung mittels optischer Glasfasern auch bei der Lichtgestaltung von Schaufenstern, Museums- und anderen Vitrinen oder gar ganzen Gebäudefassaden genutzt.

Bildleitende Faserbündel werden in flexiblen Endoskopen zur medizinischen Diagnose und für chirurgische Operationen mit minimalem Eingriff ebenso verwendet wie in Geräten zur Inspektion von Maschinen, Motoren oder Flugzeugturbinen.

Verschmolzene Faseroptikplatten bestehen aus Millionen Fasern von ca. 10 μm Durchmesser und wenigen Millimetern Länge, die unter Hitze und Druck verschmolzen werden. Sie dienen häufig zur Einebnung von Bildfeldkrümmungen. Bildwandler- und Restlichtverstärkerröhren haben durch den Einsatz von Faseroptikplatten eine wesentliche Leistungssteigerung auf dem Gebiet der Nachtsichttechnik bewirkt.

Lichtleitfasern in der Nachrichtentechnik

Die größte Bedeutung haben Lichtleitfasern für die Zukunft zweifellos in der Nachrichtentechnik. Sie ermöglichen es, den rasch ansteigenden Bedarf an Übertragungskapazität für Ferngespräche und Fernsehsendungen zu befriedigen, und ersetzen dabei das weltweit immer knapper werdende Kupfer. Die elektrischen Signalimpulse der Senderstation werden über Halbleiter-Bauelemente in Licht- (bzw. Infrarot-)Impulse umgesetzt und in den Fasern über lange Strecken ohne Zwischenverstärkung übertragen; auf der Empfängerseite werden die Impulse durch Photodioden und Verstärker wieder in Stromimpulse umgewandelt und regeneriert, um Hör- bzw. Bildgeräte auszusteuern. Voraussetzung dazu war eine drastische Verringerung der optischen Verluste im Glas. Während bei üblichen optischen Gläsern bester Qualität ein Intensitätsabfall des Lichts auf 50 % schon nach Durchlaufen einer Glaslänge von etwa 1 m entsteht, gelang es durch eine besondere Verfahrenstechnik, die Verluste in den Fasern so extrem niedrig zu halten, daß im bevorzugten Wellenbereich von 0,8–1,6 µm Zwischenverstärker nur mehr im Abstand von 100 km Faserlänge benötigt werden, was einer Dämpfungskonstante von etwa 0,3 dB/km entspricht. Um mit einer

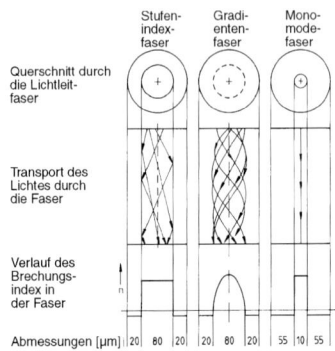

Abb. 6.38: Vergleich von unterschiedlichem Brechungsindexverlauf in Stufenindexfasern, Gradientenfasern und Monomodefasern

Faser eine Übertragungskapazität von mehr als 1 Gigabit · km/s[1] zu erzielen – was für die gleichzeitige Übertragung von 20000 Telefongesprächen oder 20 Fernsehprogrammen ausreicht –, benötigt man Gradientenfasern oder Monomodefasern. Gradientenfasern weisen einen von der Fasermitte zum Faserrand nach einer bestimmten Funktion abfallenden Brechungsindex auf, wodurch eine einheitliche optische Weglänge für alle Moden, d. h. für Lichtstrahlen unterschiedlicher Neigung zur Faserachse, erreicht wird.

Ein solcher Brechungsindex-Verlauf kommt zustande, indem man durch ein hocherhitztes Quarzglasrohr do-

---

1 bit = Informationselement der Nachrichtentechnik (0 oder 1); 1 Gigabit = 10^9 bit.

150

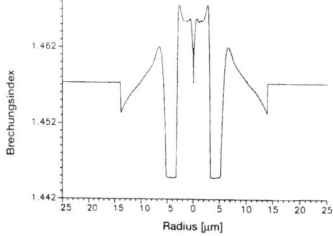

Abb. 6.39: Brechzahlprofil einer cp^2-Faser

Abb. 6.40: Herstellung der Vorform für eine Gradientenfaser

sierte Dampfgemische von Verbindungen glasbildender Elemente (Si, B, Ge, P) zusammen mit Sauerstoff strömen läßt; an der heißen Innenwand des Rohrs schlagen sich daraus glasige Oxide im vorprogrammierten Mischungsverhältnis nieder. Anschließend wird das Rohr so hoch erhitzt, daß es zusammenschmilzt (»kollabiert«). Von der so entstandenen »Vorform« wird die Faser gezogen, wobei sich das Brechzahlprofil nur maßstäblich stark verkleinert. Die Gradientenindex-(Multimode-)Fasern werden ihrerseits zur Zeit von sogenannten Monomodefasern ersetzt, die sich durch noch höhere Übertragungsraten auszeichnen. Dies wird allerdings durch eine geringere Lichtintensität und eine schwierigere Spleißbarkeit erkauft, weshalb weitere technische Entwicklungen beim Einbau und der Justage für einen erfolgreichen Einsatz notwendig gewesen sind.

Der Prototyp der Monomodefaser besteht aus einem ummantelten, homogenen Kern mit einem nur wenige Mikrometer betragenden Durchmesser. Dieses geringe Abmaß ist sowohl für die schwierige Handhabbarkeit, als auch für die überlegenen Übertragungseigenschaften verantwortlich. In einem solchen Kern können sich nur Strahlen ausbreiten, deren Bewegungsrichtung mit der Faserachse übereinstimmt. Alle anderen Strahlen verlieren laufend Leistung durch seitliche Abstrahlung und sind daher nach einer kurzen Strecke effektiv nicht mehr vorhanden (»effective cutoff«). Dieser Effekt liegt in der Wellennatur des Lichtes begründet, die immer dann berücksichtigt werden muß, wenn die fragliche Geometrie, in diesem Fall der Kerndurchmesser, dieselbe Größenordnung hat wie die Wellenlänge.

Es gibt in Monomodefasern also nur eine einzige Art und Weise (oder »Mode«) der Ausbreitung. Von daher kann es auch keine Dispersion eines Lichtpulses infolge einer Aufteilung der eingestrahlten Energie auf unterschiedliche Moden, d. h. unterschiedliche Lichtwege mit unterschiedlichen Laufzeiten, geben – im Gegensatz zu

Gradientenfasern, in denen dieser Dispersionseffekt stark reduziert, aber nicht vollständig eliminiert ist.

Allerdings gibt es auch für Monomodefasern eine Grenze der Leistungsfähigkeit. Das liegt daran, daß die Lichtgeschwindigkeit in refraktiven Medien von der Wellenlänge abhängt. Die verschiedenen spektralen Anteile des eingestrahlten Lichtes bewegen sich daher verschieden schnell. Diese chromatische Dispersion führt zu einer Verbreiterung des Lichtpulses und damit zu einer Begrenzung der Frequenz, mit der die Pulse aufeinander folgen können. Wie groß diese Frequenz genau ist, hängt von der spektralen Breite der Lichtquelle ab. Diese ist z. B. für einen DFB-Laser (DFB: »distributed feedback«) wesentlich geringer als für eine LED (LED: »light emitting diode«).

Man kann auch über die Faser Einfluß auf die maximale Pulsfrequenz nehmen. In einem gewissen Maß kann die Wellenlängenabhängigkeit der Lichtgeschwindigkeit durch die Struktur des Wellenleiters, d. h. durch das Brechzahlprofil, beeinflußt werden. Auf diese Weise lassen sich Monomodefasern mit verminderter chromatischer Dispersion erreichen. Schott ist es mit dem sich (von innen nach außen) kontinuierlich verändernden Brechzahlprofil der CP^2-Faser – siehe Abb. 6.40 – sogar gelungen, die chromatische Dispersion sowohl bei 1,3 µm als auch bei 1,55 µm kleiner als ± 0,5 ps/km x nm, d. h. quasi zu Null zu machen. Diese Wellenlängen werden bevorzugt zur Übertragung genutzt, da Kieselglas dort seine beiden tiefsten Absorptionsminima hat.

Eine chromatische Dispersion von 1 ps/km x nm heißt, daß sich ein Lichtpuls pro Kilometer Weg und pro Nanometer Bandbreite der verwendeten Lichtquelle nur um eine Pikosekunde verbreitert. Mit einer CP^2-Faser läßt sich daher auch bei der Verwendung von LEDs, die typischerweise eine Bandbreite von 50 nm haben, bei den beiden genannten Wellenlängen eine Übertragungskapazität von ungefähr 50 Gigabit x km/sec erzielen. Standard-Monomodefasern erreichen dies nur bei einer Wellenlänge, je nachdem, wie sie ausgelegt sind, entweder bei 1,3 µm oder bei 1,55 µm.

Die sich durch ein kontinuierlich gestaltetes BZP (engl.: continuous profiling) auszeichnenden CP^2-Fasern sind zu beiden kompatibel (engl.: »compatible«) – daher haben sie auch ihren Namen CP x CP = CP^2.

Außer zu einem Strang verflochten, können Glasfasern nach einem neuen Verfahren nebeneinander liegend zu Bändern verklebt in ein Kunststoffrohr eingelegt werden. Ein Bandkabel ist etwa halb so dick wie ein verflochtenes oder ein verseiltes Kabel.

Die hohe Übertragungskapazität, der geringe Platzbedarf, die völlige Unempfindlichkeit der Lichtimpulse gegenüber äußeren elektromagnetischen und galvanischen Einflüssen machen optische Nachrichtenkabel zum idealen Übertragungsmedium der modernen Telekommunikation.

Im Sommer 1992 wurde ein unterseeisches Glasfaserkabel durch den Atlantik mit einer Kapazität von ca. 60000 Telefonkanälen zwischen den USA und Deutschland in Betrieb genommen. Für die Gesamtlänge von 7200 km zwischen Green Hill in Rhode Island und Norden in Deutschland wurden 56 Zwischenregeneratoren (Repeater) zur Verstärkung der Nachrichtenimpulse eingebaut.

Die wegen der Leitungsverluste bei Glasfasernetzen für das Fernsehen in Abständen von ca. 130 km notwendigen elektronischen Zwischenverstärker (Repeater) sollen zukünftig durch rein optisch arbeitende Wanderwellenverstärker ersetzt werden. Durch sie ließen sich die Längen der Übertragungsstrecken auf ca. 1000 km ohne Zwischenverstärker steigern.

Bei erfolgversprechenden Laborversuchen in den Bell Laboratories der US-Firma AT & T wurde in das Glasfaserkabel neben den nachrichtenübertragenden Bits eine begleitende Welle (Pumpstrahl) als Energielieferant für die informationsübertragenden Impulse eingespeist. Die aus physikalischen Gründen auf längere Entfernungen durch die Dispersion der Glasfaser auftretenden Veränderungen der Pulse, sollen durch stabile Pulse (Solitonen), die sich nicht verändern, verhindert werden.

Optische Fasern für Meß- und Kontrollzwecke
Neben der Telekommunikation haben verlustarme optische Glasfasern in rascher Folge auch zu Innovationen auf Gebieten geführt, die insbesondere Betriebs- und Funktionskontrolle, Fernsteuerung und Fernmessungen

betreffen. Ein Beispiel dafür bietet die optische Ansteuerung von Thyristoren für die Hochspannungs-Gleichstrom-Übertragung (HGÜ) aus entlegenen Wasserkraftwerken in industrielle Ballungszentren: Die elektrischen Steuersignale werden über Halbleiterdioden in Infrarot-Signale der Wellenlänge 0,94 µm umgewandelt, die über IR-durchlässige Glasfasern zu den auf Hochspannungspotential liegenden Thyristoren gelangen. Dort lösen sie nach Rückwandlung in elektrische Impulse deren Zündung aus. Ein analoges Rückmeldesystem zur Steuerelektronik besorgt die Überwachung der Funktionen. Absolute Störsicherheit der Anlagen ist selbst bei Nennspannungen von 600 kV und Energieübertragungsleistungen von 3000 MW gewährleistet. Optische Glasserleitungen werden ferner als Meßfühler (›Sensoren‹) besonders zur technischen Diagnostik entfernter oder schwer zugänglicher Maschinen eingesetzt. Damit erzielt man z. B. eine ständige Kontrolle des Innenraums von Turbinen und Kompressoren sowie laufende Meßwerte von Schwingungen, Temperatur und Druck. Durch ihre Einwirkung auf die optische Weglänge in Interferometer-Faserschaltungen lassen sich noch Bewegungen der Sensorfaser von weniger als $\frac{lambda}{2}$ nachweisen.

Mit einem einfachen Verfahren können Rißbildungen an Bauteilen, z. B. Flugzeugtragflächen, entdeckt werden, wenn optische Glasfasern in der Oberflächenlackierung eingebettet sind. Bei Beschädigung einer Faser durch einen Riß im Bauteil wird automatisch ein

Signal an der Kontrollstelle ausgelöst. Dieser Effekt dient auch der Sicherheit im Tresorraumbau oder im Freien, wo Lichtwellenleiter als Matten oder mit Drähten verbunden auf Beschädigungen oder Verbiegungen reagieren und Alarmgeräte aktivieren.
Es ist möglich, Fasern auch nach Sol-Gel-Methode herzustellen (s. S. 48).

Integrierte Optik
Wellenleiter lassen sich nicht nur in Form von dünnen Glasfasern herstellen, sondern können auch als feinste Strukturen in planare Glassubstrate eingebracht werden. Da es sich bei solchen optischen Komponenten um monolithische Wellenleiterstrukturen mit zum Teil komplexen optischen Funktionen handelt, spricht man analog zur Elektronik von integriert optischen Schaltkreisen. In die Basiselemente sind integriert optische Chips aus Glas, deren Wellenleiterstrukturen durch Ionendiffusion durch eine Oberflächenmaske erzeugt werden. Die die Struktur bestimmende Maske läßt sich mittels photolithographischer Verfahren, wie sie aus der Halbleitertechnik bekannt sind, in einer auf den Glaswafer aufgedampfte Metallschicht ätzen. Im Prozeß des Ionenaustausches werden beispielsweise die in einem Spezialglas befindlichen Natriumionen durch Silberionen ersetzt, so daß unter den Maskenöffnungen Bereiche erhöhter Brechzahl entstehen, in denen das Licht geführt wird.
Beispiele für solche integriert optischen Komponenten sind Verteilstrukturen (1 : 4, 1 : 8, 1 : 16), wie sie in faseroptischen Nachrichtennetzen benötigt werden, oder der 3 x 3-Koppler, aus dem ein miniaturisiertes Michelson-Interferometer mit integrierter optischer Signalvorverarbeitung aufgebaut wurde.

6.9 Glaskeramik

Wie schon in 2.1 und 2.2 erwähnt, befinden sich alle Gläser bei Abkühlung der Schmelze unter den Schmelzpunkt der Kristalle gleicher chemischer Zusammensetzung im Zustand einer unterkühlten Flüssigkeit. Daß die Kristallisation (»Entglasung«) dabei unterbleibt, liegt hauptsächlich daran, daß das Kristallwachstum, das durch die Diffusion der Komponenten gesteuert wird, infolge der mit sinkender Temperatur schnell steigenden Viskosität der Schmelze viel zu langsam vor sich geht, oder die Zahl der Keime, aus denen sich die Kristallite (kleinste Partikel, an denen Kristallstruktur nachweisbar ist) bilden können, zu gering ist. Bei den Glaskeramiken wird dagegen die Kristallitbildung in geeigneten Glassystemen gezielt stimuliert, um Werkstoffe mit besonderen Eigenschaften zu erhalten.
Ausgangspunkt ist eine Glasschmelze, aus der zunächst durch Pressen, Blasen, Walzen oder Gießen die gewünschten Gegenstände geformt werden. Besonders zu erwähnen ist die von Schott entwickelte neue Schleudergußtechnik, in der Teleskop-Spiegelträger von 8,2 m Durchmesser und nur 30 cm Dicke mit einem Gewicht von 40 t gegossen wer-

den können. Bei einer anschließenden Wärmebehandlung nach exakt vorbestimmter Temperatur-Zeit-Kurve (Abb. 6.41) bilden sich dann submikroskopisch feine Kristallite; Voraussetzung dazu ist die Zugabe von Stoffen mit hohem Schmelzpunkt (meist TiO_2 und ZrO_2) zur Schmelze, welche bei ihrer Ausscheidung als Keimbildner die Kristallisation in Gang setzen. Wesentlich ist dabei, daß der Temperaturbereich der maximalen

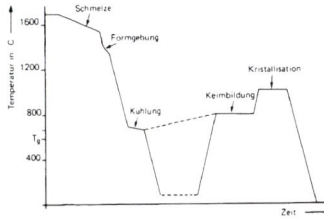

Abb. 6.41: Prinzip der Wärmebehandlung von Glaskeramik

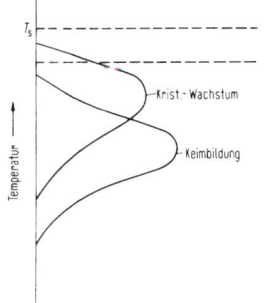

Abb. 6.42: Temperaturabhängigkeit der Keimbildungs- bzw. Kristallwachstumsgeschwindigkeit (schematisch)

Keimbildungshäufigkeit (T_{Kb}) weitgehend von dem Temperaturbereich der maximalen Kristallwachstumsgeschwindigkeit (T_{Kr}) getrennt liegt (Abb. 6.42); dann kann das Glas beim Abkühlen der Schmelze nicht kristallisieren, solange die Keime noch fehlen. Erst wenn diese sich bei T_{Kb} in genügender Zahl gebildet haben, können beim Wiedererhitzen auf die Temperatur T_{Kr} die gewünschten winzigen Kristallite in großer Zahl (bis zu $10^{17}/cm^3$) entstehen. Der Kristallanteil im Volumen kann schließlich je nach den angestrebten Eigenschaften 50–90 % betragen.

Die technische Bedeutung der Glaskeramiken liegt darin, daß ihre Eigenschaften nicht allein durch den glasigen Anteil, sondern entscheidend durch die entstandenen Kristallarten bestimmt werden. Besondere Bedeutung haben Systeme erlangt, bei denen sich Kristallphasen von sehr niedriger oder sogar negativer Wär-

Abb. 6.43: Spiegelträgerrohling aus Glaskeramik »Zerodur«, 8,2 m ø

meausdehnung bilden (z. B. Lithium-Alumo-Silicate); man erhält dadurch Werkstoffe mit nahezu Null-Ausdehnung über einen weiten Temperaturbereich, die bis ca. 800 °C formbeständig und völlig unempfindlich gegen schroffen Temperaturwechsel sind und daher beispielsweise für Herdplatten, Hauswirtschaftsglas, Teleskop-Spiegelträger, Längenstandards usw. verwendet werden.

Bei einer anderen Gruppe von Glaskeramiken mit den Komponenten Si, Al, Mg, K, F und Sauerstoff entstehen bei der Keramisierung glimmerähnliche Kristalle, die infolge ihrer guten Spaltbarkeit eine spanabhebende Bearbeitung auf der Drehbank ermöglichen (»Macor«, Corning). Glaskeramik dieser Art wird ferner als hochbeständiges Dental-Material zur Restaurierung von Zahnschäden und zur Herstellung von Zahnkronen in naturgetreuer Form und Farbe verwendet.

In der Mitte zwischen Glas und Keramik stehen auch einige photosensitive Glastypen, bei denen die Kristallisation durch UV-Bestrahlung vorbereitet wird und bei anschließender Erwärmung in Gang kommt. Dazu bedarf es der Anwesenheit von einigen % Alkalifluorid, Zink- und Aluminiumoxid sowie geringer Mengen von Silberverbindungen ($\leq 0,2\,\%$) und Ceroxid ($\leq 0,05\,\%$) in der Silicatglasmatrix. Durch UV-Bestrahlung werden Elektronen von den Cer-Ionen abgetrennt, die beim Erwärmen von den Silberionen eingefangen werden, so daß Metallatome entstehen, die sich sofort zu Metallkolloidteilchen an-

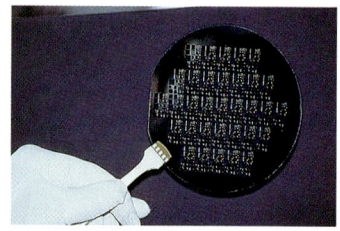

Abb. 6.44: Formätzteile aus lichtempfindlicher Glaskeramik

einanderlagern. Diese wirken als Keime für die Entglasung, welche das System bei weiterem Tempern in eine gelb bis braun gefärbte Glaskeramik umwandelt. Auf diese Weise lassen sich mittels UV-Optik fotografische Bilder von Vorlagen im Glas speichern und fixieren. Bedeutsam ist ferner, daß bei Lithiumsilicatgläsern die entstandenen Kriställchen durch Flußsäure mindestens 10mal schneller ätzbar sind als die umgebende Glasmatrix. Diese Eigenschaft ermöglicht die Herstellung von Formätzteilen hoher Präzision, wie z.B. von Lochplatten für Displays, Druckmatrizen und dergleichen.

Bei Anwesenheit weiterer Halogene (Brom, Chlor) können durch nochmalige UV-Bestrahlung und Erhitzung je nach der Dosis der vorangegangenen auch beliebige andere Farbtöne auf Grund verschiedener Kristallitformen erzeugt werden. Diese neuen »polychromatischen« Gläser (Corning) werden voraussichtlich Anwendungen sowohl für technische als auch dekorative Zwecke finden.

6.10 Poröse Gläser

6.10.1 Schaumglas

In der Darstellung der Vorgänge beim Einschmelzen des Gemenges (s. 3.2) wurde bereits auf den hohen Gasgehalt der Rauhschmelze hingewiesen, der ohne hinreichende Läuterung zu einem entsprechend blasenreichen Glas führen würde. Geht man den entgegengesetzten Weg und führt noch zusätzlich Gase oder gasabspaltende Stoffe in die Schmelze ein, so kann man die Blasigkeit bis zur Erzeugung von Glasschaum steigern.

In einem weiteren Verfahren wird z.B. pulverförmiges Natronkalkglas mit einem Gemisch von gepulverten Sulfaten und Holzkohle in Formen gefüllt und zusammengesintert; beim Schmelzen reagiert das Gemisch unter Entwicklung von SO_2 - + CO-Gas. Die zunächst kugelförmigen Gasblasen nehmen infolge der Wandbegrenzung bei steigendem Innendruck des Gases eine wabenartige Struktur mit in sich geschlossenen polyederförmigen Zellen an. Das gekühlte Schaumglas erhält dadurch eine hohe Druckfestigkeit und Formstabilität bei einem Raumgewicht von nur 0,13 bis 0,3 g/cm³. Durch die Zellenstruktur weist das Produkt eine Wärmeleitfähigkeit auf, die rund 10mal niedriger ist als bei kompaktem Glas. Diese Eigenschaften begründen die bevorzugte Anwendung im Bauwesen als Dämmstoff gegen Kälte, Wärme und Schall. Mit Beton beschichtet wird Schaumglas auch in Fußböden eingelegt. Wegen seiner extrem niedrigen Dichte und der Undurchlässigkeit für Flüssigkeiten eignet es sich ferner vorzüglich für Schwimmkörper.

6.10.2 Offenporige Gläser und Glaskapillarmembranen

Im Gegensatz zu Schaumgläsern mit geschlossenen Poren haben neuentwickelte poröse Gläser und Glaskeramiken offene, zum Teil durchgängige Poren. Diese werden nach der in der Keramik üblichen Sintertechnik in definierter Größe erzeugt, wobei sich Aufweitungen durch beigemischte anorganische Füllstoffe bilden, die nachträglich ausgewaschen werden. Man erreicht damit ein minimales Raumgewicht von 0,5 g/cm³ und ein Hohlraumvolumen bis nahe 70%. Auf diese Weise entstehen ein hohes Saug- und Speichervermögen (»Glasschwamm«) sowie eine große innere Oberfläche, die beispielsweise für katalytische Zwecke genutzt werden kann. Weitere Einsatzmöglichkeiten auf dem Gebiet der Abwasserreinigung und der Biotechnologie ergeben sich, wenn der Glasschwamm durch Mikroorganismen besiedelt wird. Zur Herstellung von mikroporösen Gläsern (Kapillarmembranen) mit Porendurchmesser von 2–300 mm eignen sich besonders Natrium-Borosilicat-Schmelzen mit 20–70 % SiO_2. Bei diesen erfolgt zwischen 500 und 750 °C eine Phasentrennung, wodurch die alkaliboratreiche Phase leicht herausgelöst werden kann (vgl. 6.1). Die so entstandene Porenstruktur weist spezifische Oberflächen bis zu 300 m²/g auf, an denen sich sofort glaseigene Silanol (SiOH)-Gruppen bilden; an diesen lassen sich funktionelle Gruppen verschiedener Art in chemischer Bindung reaktiv ankoppeln.

6.11 Blick in die Zukunft

Die Erkenntnisse und Entwicklungen der letzten Jahre auf dem Glasgebiet lassen erwarten, daß die Möglichkeiten, Gläser mit besonderen Eigenschaften für neue Anwendungen zu finden, aber auch neue Technologien zu ihrer Herstellung zu entwickeln, durchaus noch nicht erschöpft sind. Im Gegenteil sprechen alle Anzeichen dafür, daß Glas in den weltführenden Industrienationen noch vor ungeahnten technischen und wissenschaftlichen Weiterentwicklungen auf allen Lebensgebieten steht und daß es auch in der Zweiten und Dritten Welt noch einen gewaltigen Nachholbedarf zu stillen gibt. Alle Trends und Wirtschaftsdaten sprechen dafür, daß der Markt weiter wächst, die Anwendungsbreite immer noch zunimmt und der Werkstoff selbst sogar entscheidend zur Schonung unserer bedrohten Ressourcen beiträgt.

Am deutlichsten zeigt sich die Zukunftsbedeutung von Glas in der Architektur. Überall geht es darum, kostbare Energie einzusparen. Dazu hat die Flachglas-Industrie bereits zahlreiche Lösungsansätze entwickelt, z. B. zusätzliche Wärmedämmung durch verbesserte Beschichtung, transparente Wärmedämmung oder Fenster mit Flüssigkeitssegmen-

ten. Viele Glaslösungen für Bauten verschiedener Art, z. B. Glasröhren-Stahlseil-Gebilde für Vorbauten, brücken- und eingangsähnliche Gebäudeteile werden derzeit auf ihre Machbarkeit überprüft.

Zukunftsweisende Lösungsansätze gibt es auch in der Behälterglas-Industrie. Gerade die Leichtglastechnologie hat in den letzten Jahren einen beträchtlichen Schub erfahren. Allein durch Weiterentwicklungen der Produktionsverfahren gelangen über verringerte Wandstärken erhebliche Gewichtseinsparungen bei Einwegflaschen. Das Ergebnis jüngster Forschungsanstrengungen ist die Anwendung der Leichtglastechnologie im Mehrwegbereich. Eine hauchdünne Kunststoffbeschichtung macht leichtgewichtige Einwegflaschen zu robusten Mehrwegflaschen, die 50 Umläufe und mehr aushalten sollen.

Andere Schwerpunkte der Forschung und Entwicklung zielen auf neue Materialien, neue Oberflächenfunktionen, verbesserte Charakterisierungsverfahren und leistungsfähige mathematische Simulationsverfahren für neue Anwendungen. Große Fortschritte wurden bereits in der Beschichtungstechnologie erzielt, beispielsweise beschichtete Reflektoren oder Pharmafläschchen. Besonders sensible Produkte der Pharmazie, wie zum Beispiel aus der Biotechnologie, verlangen einen besonderen Schutz. Für ihren Transport hat die Glasindustrie ganz spezielle Behälter entwickelt. Sie bestehen aus Borosilicatglas, auf dessen Oberfläche mit Hilfe des PICVD-Verfahrens (Plasma-impulse-chemical-vapour-deposition-Verfahren) eine hauchdünne Siliciumdioxid-Schicht aufgebracht wurde, die die chemische Resistenz der Glaspackung noch einmal um das Hundertfache steigert. Chemisch sensitive Präparate werden vor unerwünschten Wechselwirkungen geschützt. Ursprünglich wurde das PICVD-Verfahren entwickelt, um optisch wirksame Beschichtungen vorzunehmen, z. B. in der Produktion von Lichtleitfaser-Vorformen, planaren Wellenleitern und Hochleistungs-Laserspiegeln.

Ein weiteres zukunftsträchtiges Feld ist faserverstärktes Glas, das das Anwendungsgebiet von Gläsern in Bereichen erweitert, die bisher ausschließlich Metall vorbehalten waren. Durch in das Glas eingebettete Langfasern aus Siliciumcarbid oder Kohlenstoff halten solche Glasverbundwerkstoffe Stöße und Belastungen aus, bei denen selbst Stahl sich verformen würde. Sie verbinden damit die besonderen chemischen und elektrischen Eigenschaften von Glas mit einer hohen mechanischen Festigkeit.

Auch die Unterhaltungselektronik ist eng mit der Entwicklung von Spezialgläsern verbunden. Die modernsten PC-Festplatten bestehen aus gläsernen Hard-Discs, die eine wesentlich höhere Planität aufweisen als Scheiben aus anderen Trägermaterialien. Ohne Laser und optisches Glas wären CD-Player, Video-CD und CD-ROM gar nicht möglich. Ebensowenig das Fernsehen, heute im hochauflösenden Breitwandformat 16 zu 9, mit dem die Braunsche Röhre eine ungeahnte Blüte erlebt. Das dünnste Flachglas der Welt soll den Traum der Elektronik-Ingenieure erfüllen: Ein Wohnzimmerkino mit leinwandgroßem Bildschirm. Dabei dienen die 0,03 mm dünnen Glasscheiben als Leuchtfläche, wie sie bisher nur von kleinen Displayanzeigen bekannt sind. Das Heimkino kann dank Glas noch mit vielen Innovationen aufwarten.

7. Umweltschutz in der Glasherstellung

Die Herstellung und Bearbeitung von Glas ist meistens an Produktionsweisen gebunden, die aufgrund der Freisetzung bestimmter Bestandteile in Luft, Wasser oder als Abfall die Umwelt beeinflussen. Sie sind häufig schädlich, können aber mittels besonders entwickelter Techniken deutlich vermindert oder vermieden werden. Eine zum Zwecke staatlicher Einflußnahme und Lenkung geschaffene Gesetzesmaterie liefert dazu die erforderlichen Regularien.

7.1 Glasherstellung

Die Glasherstellung ist in der Regel ein Hochtemperaturprozeß. Deshalb sind zunächst seine Emissionen von Bedeutung.

7.1.1 Partikelförmige Emissionen

Silobefüllung und Gemengebereitung sind stauberzeugende Vorgänge. Auch bei der Beschickung der Öfen (Einlage) kommt es zu Verstaubungen. Die wichtigste Partikelquelle ist die Glasschmelze selbst, bei der flüchtige Metallverbindungen entstehen. Zum Teil reagieren diese mit Abgasbestandteilen unter Bildung neuer Feststoffe. So entstehen Oxide, Schwefeloxide und Halogenide der Alkalien, bei der Spezialglasschmelze noch eine Reihe weiterer wie solche des Bleis, Bors, Arsens, Antimons, Cadmiums, Zinks u.a.

7.1.2 Gasförmige Emissionen

Außer der Gemengefeuchte werden während des Schmelzprozesses aus den verschiedenen Gemengebestandteilen Gase ausgetrieben, die aus Hydraten, Carbonaten, Nitraten, Sulfaten, Fluoriden und Chloriden stammen. Es sind dies Wasserdampf H_2O, Kohlendioxid CO_2, Stickoxide NO_x, Schwefeloxide SO_x, Fluorwasserstoff HF bzw. Siliciumtetrafluorid SiF_4 und Chlorwasserstoff HCl. Darüber hinaus können auch verschiedene Metallverbindungen gasförmig auftreten, z.B. Arsenoxid und Selenoxid. Ein weiterer bedeutender Anteil an gasförmigen Komponenten entsteht durch die Verbrennung fossiler Energieträger (Erdgas, Heizöl), insbesondere Wasserdampf, Kohlendioxid, Schwefeloxide sowie Stickoxide, letztere überwiegend durch Oxidation des Luftstickstoffs.

7.1.3 Abgasreinigung

Im Bereich von Verstaubungen bei niedrigen Temperaturen, z.B. bei Rohstofflagerung und Gemengebereitung, sind durchweg filternde Abscheidesysteme eingeführt. Das Gemisch aus Staub und Gasen aus einem Schmelzofen befindet sich, auch nach Wärmetauscher bzw. Abhitzekessel, auf einem erheblich höheren Temperaturniveau. Die Staubabscheidung wird in der Regel mit filternden oder elektrostatischen Systemen ausgeführt. Einige wenige Fälle erfordern die Naßreinigung.

Besondere Beachtung gilt dem pH-Wert (Säuregrad) des Staub-Gas-Gemisches: ist er niedrig infolge größerer Anteile an Säuren bzw. Säureanhydriden (SO_2, SO_3, HCl, HF u. a.) und damit auch anlagenschädlich, so kann eine Konditionierung mit basischen Stoffen wie Kalkhydrat $Ca(OH)_2$ oder Soda Na_2CO_3, die meist trocken in den Rohgasstrom eingeblasen werden, die Säurereste binden. Es entstehen dann im wesentlichen Calciumsulfit/-sulfat $CaSO_3/CaSO_4$, Calciumfluorid CaF_2, Natriumchlorid NaCl und weitere Verbindungen, die als partikelförmig abgeschieden werden können. Ein Staub-Gas-Gemisch kann daher mit dieser Technik, die vielfach erprobt ist, weitestgehend gereinigt werden.

Für die Minderung der Stickoxide NO_x wurden von der deutschen Glasindustrie verschiedene Primärmaßnahmen ergriffen, z. B. die Verbesserung des Verbrennungsprozesses. Als Sekundärmaßnahmen sind verschiedene Reduktionsreaktionen technisch geprüft worden, die mittels Ammoniak NH_3 und anderer Aminverbindungen (z. B. nach der Reaktionsgleichung $4NO + 4NH_3 + O_2 \rightarrow 4N_2 + 6 H_2O$) zur Bildung von Stickstoff und Wasserdampf führen, und zwar auf direktem Wege im Temperaturbereich zwischen 850 und 1100 °C sowie mit Katalysatoren (z. B. wabenförmige Keramik-Module auf TiO_2-Basis) im Bereich von 250–450 °C. Die Verwendung von Brennstoff (Gas, Erdöl) als Reduktionsmittel wird gegenwärtig in verschiedenen Ländern erprobt und erscheint aussichtsreich. Die prinzipielle Anwendbarkeit der Verfahren ist erwiesen, die Einführung der Technologien hat begonnen.

Eine weitere Möglichkeit der NO_x-Minderung besteht in der Verwendung von reinem Sauerstoff anstelle von Luft bei der Wannenfeuerung. Die Erprobung dieser Technik ist ebenfalls im Gange.

Die Anwendung der vollelektrischen Glasschmelze in Verbindung mit der »Cold-Top-Technik« (kalte Gemengedecke) ist geeignet, das gesamte Emissionsvolumen erheblich zu senken. Damit ist sie in bestimmten Bereichen ein zukunftsträchtiges Verfahren.

Eine deutliche Senkung der Kohlendioxid-Emissionen, wichtig wegen ihrer Bedeutung als Klimafaktor, kann im wesentlichen nur durch Ausschöpfung von Energiesparpotentialen, d. h. durch die Verwendung schadstoffarmer Energieträger, z. B. Erdgas, und den hohen Einsatz von Altglas erreicht werden. Der Ausstoß von Kohlendioxid (CO_2) wurde, bezogen auf eine Tonne Glas, in den vergangenen 20 Jahren bereits auf ein Drittel erniedrigt.

7.2 Glasbearbeitung

Sowohl bei der mechanischen wie der chemischen Bearbeitung des Glases und seiner Oberfläche bedient man sich weitestgehend des Wassers als Kühl- und Trägermedium, für Agentien ebenso wie für die abgetragene

Glasmasse. Alle Fremdstoffe, soweit sie schädlich oder von nachteiliger Wirkung für aquatische Systeme sind, müssen durch geeignete Behandlungsmethoden entfernt werden, bevor das Abwasser in Gewässer oder in die kommunale Kanalisation eingeleitet wird.

Zu den bewährten Methoden der Abwasserreinigung gehören physikalische und chemische wie

Phasentrennung fest/flüssig
- als Sedimentation mit/ohne Flokkungshilfsmittel,
- mit Zentrifugen,
- mit Filtrierapparaten,
- mit Flotation,
Phasentrennung flüssig/flüssig
- mit Leichtflüssigkeitsabscheider,
- mit Emulsionsspaltung,
- mit Ultrafiltration (»Umkehrosmose«),
ferner
- Fällung von Metallionen,
- Neutralisation saurer/basischer Lösungen,
- Ionenaustausch
und weitere Reaktionen.

Durch weitgehende Kreislaufführung von Produktions- und Kühlwässern läßt sich der Wasserverbrauch insgesamt erheblich reduzieren. Für die deutsche Glasindustrie ist das inzwischen zur Pflicht geworden.

Im Rahmen der Glasveredelung gibt es eine Anzahl weiterer Prozesse mit Umweltrelevanz, z. B. die Galvanisierung. Diese lassen sich behandlungstechnisch in das o. g. System einordnen.

7.3 Abfallentsorgung

Bei der Herstellung und Bearbeitung von Glas fallen Stoffe an, die üblicherweise weitgehend als Abfälle entsorgt wurden. Dazu gehören Gemengereste, Scherben bestimmter Zusammensetzung, Filterstäube, Kammerkondensate, Ofenausbruch, Schleif- und Polierschlämme, Neutralisationsschlämme verschiedener Herkunft sowie Rückstände aus Veredelungsprozessen und manches andere.

Nach heute geltender Anschauung hat die Vermeidung von Rückständen erste Priorität. Wo dies (noch) nicht möglich ist, genießt die Verwertung der Stoffe absoluten Vorrang vor der Entsorgung (Deponie). Diese Strategie wird unterstützt durch die enorme Kostenentwicklung auf allen Entsorgungswegen.

Während die Vermeidung in der Regel tiefgreifende Prozeßänderungen voraussetzt und daher nur langfristig erfolgreich sein kann, ist die Verwertung anfallender Reststoffe spürbar stärker in Gang gekommen. Filterstäube, Scherben (Altglasrecycling), Teile des Ofenausbruchs und Schleifschlämme können bereits zu erheblichen Anteilen intern oder extern verwertet werden. Andere sind nur nach aufwendiger Behandlung und damit vorerst wirschaftlich kaum einsetzbar. Der Rest muß meistens als Sondermüll deponiert werden.

Hausmüllähnliche Industrie- und Gewerbeabfälle, besonders Verpackung jeglicher Art, ist nach Sortierung praktisch vollständig der Verwertung zuzuführen. Für andere Reste, z. B. demontierte Bildröhren oder Ceran-Herdplatten, beginnt man, nach brauchbaren Wegen der Verwertung zu suchen. Hinter alledem steht die Vision einer Kreislaufwirtschaft, die das Ziel größtmöglicher Ressourcenschonung verfolgt.

8. Glas als Wirtschaftsfaktor

In allen Industriestaaten der Welt gehört die Glasindustrie zu den kleineren Fertigungszweigen. Zumeist hat sie am Wert der industriellen Produktion einen Anteil von bis zu einem Prozent.

Die Weltglasproduktion hatte 1994 einen Wert von schätzungsweise 130 Mrd. DM bei ca. 90 Mio. Jahrestonnen. Die Bundesrepublik hatte an diesem Produktionswert einen Anteil von gut 10 %, an der Menge von über 7,5 %. Der Schwerpunkt der Glaserzeugung liegt heute im Europäischen Wirtschaftsraum (EU-Staaten, Rest-Efta-Staaten und die Schweiz); auf Westeuropa entfällt ein Anteil von rund 29 %, gefolgt von Nord- und Südamerika (26 %), VR China (13,5 %), Asien (ohne VR China und Japan) mit 12 %, Osteuropa (9 %) und Japan (6,5 %).

Vom Wert der Weltglasproduktion sind etwa 29 % Flachglas (Erzeugung, Bearbeitung und Veredelung), 44 % Hohlglas (Behälterglas, Hauswirtschaftsglas), 12 % Glasfasern und Textilglasfasern sowie 15 % Spezialglas bzw. technische Gläser.

Die über 400 Glas erzeugenden, bearbeitenden und veredelnden Betriebe in der Bundesrepublik Deutschland beschäftigten 1995 zusammen mit den Klein- und Kleinstbetrieben mit weniger als 20 Beschäftigten ca. 70000 Mitarbeiter. Die durchschnittliche Ausfuhrquote der deutschen Glasindustrie beträgt in der 2. Hälfte der 90er Jahre über 35 %. Einzelne, besonders exportintensive Zweige kommen auf höhere Ausfuhranteile. Dies gilt vor allem für Wirtschafts- und Kristallglas und Spezialglas, deren Produktion mit rd. 50 % bzw. über 60 % in über 210 Länder der Welt geliefert wird. Die Produktpalette der deutschen Glasindustrie wird in ihrer Vielfalt nur noch von den USA und Japan erreicht. Innerhalb der Volkswirtschaft der Bundesrepublik nimmt die Branche eine echte Schlüsselstellung ein. Mit vielen großen Industriezweigen ist die Glasindustrie durch enge Lieferbeziehungen verknüpft. Für sie ist Glas wichtige Voraussetzung für das eigene Produkt.

In der Rangliste der Abnehmer von Glas steht die Bauwirtschaft an erster Stelle, dicht gefolgt von der Ernährungs- und Getränkeindustrie. Weitere Abnehmergruppen sind Haushalte und Gastronomie, Automobilbau, Elektroindustrie, Kunststoff- und Textilindustrie, chemische und pharmazeutische Industrie, Medizin und Forschung, Möbelindustrie und optische Industrie.

Die Länder Europas sind die klassischen Glaserzeuger. Das ist historisch begründet. Als in der 2. Hälfte des 18. Jahrhunderts die Industrialisierung begann, ergriff sie auch die bis dahin handwerklich betriebene Glasfertigung. Die Glasindustrien des EU-Binnenmarktes haben die USA in den frühen 90er Jahren als führende Glashersteller in der Welt an der Spitze abgelöst. Noch vor mehr als 10 Jahren hatte das US-amerikanische Produktionspotential deutlich höher gelegen. Immer bedeutsamer in Erscheinung tritt auch die Glaserzeugung in den mittelosteuropäischen Staaten sowie in den GUS-Staaten. Während die Betriebe in den letzteren Staaten noch sehr mit Umstellungsschwierigkeiten – von der Staatshandelsgesellschaft auf einen marktwirtschaftlich orientierten Betrieb – zu kämpfen haben und technisch einer grundlegenden Überholung bedürfen, haben die Hersteller in Ungarn, Polen, Tschechische und Slowakische Republik, Slowenien und Rumänien bereits große Fortschritte erzielt, teilweise mit Hilfe umfangreicher Auslandsinvestitionen und Know-how-Transfers von Unternehmen aus den westeuropäischen Staaten und aus den USA. Heute gibt es in Gesamteuropa sowohl Anzeichen für Überkapazitäten (z.B. im Flachglassektor) als auch für mehr Absatzmöglichkeiten, insbesondere in Osteuropa.

Auch in Entwicklungs- und Schwellenländern werden heute in steigendem Umfang Glaskapazitäten aufgebaut, und zwar häufig im Wege von Entwicklungshilfeprojekten mit finanzieller und technologischer Unterstützung der Industrienationen, aber auch aus privatwirtschaftlichem Interesse, so z.B. in VR China, Indien, Pakistan, Indonesien, Malaysia, Vietnam. Der heimische Bedarf, z.B. an Flachglas- und Behälterglaserzeugnissen, ist schier unbegrenzt und schafft rasch zahlreiche Arbeitsplätze. Die fast überall auf der Welt vorhandenen Rohstoffe für Glas begünstigen diese Tendenz.

9. Anhang

Glasmuseen

Deutsches Museum
Museumsinsel 1
80538 München

GlasmuseumGrünenplan
31073 Delligsen-Grünenplan

Glasmuseum Frauenau
94258 Frauenau bei Zwiesel/Bayerischer Wald

Glasmuseum Wertheim
Mühlenstraße 24
97877 Wertheim/Main

Kunstsammlungen der Veste Coburg
96450 Coburg

Erläuterung physikalischer Symbole und Einheiten

Physikalische und technische Daten werden stets als Produkt eines Zahlenwertes und einer Einheit ausgedrückt. Die *Grundeinheiten* (Meter, Sekunde, Temperatur etc.) werden durch die Symbole m, s, K (Kelvin) etc. gekennzeichnet; bei Daten, deren Zahlenwerte sich über viele Zehnerpotenzen erstrecken können, werden Vorsatzzeichen eingesetzt, die sich voneinander je um den Faktor 1000 (= 10^3) unterscheiden. Die wichtigsten sind:

k (Kilo) = 10^3; M (Mega) = 10^6; G (Giga) = 10^9 usw.
m (milli) = 10^{-3}; μ (micro) = 10^{-6}; n (nano) = 10^{-9} usw.

Die häufig gebrauchte *Längeneinheit* μm bedeutet also 1/1000 Millimeter. Als *Zeiteinheit* wird neben Sekunde (s) auch die Stunde (h) verwendet. Frequenzen (Schwingungszahlen) werden in Hz (Hertz) = 1/s bzw. kHz (= 10^3/s), MHz (= 10^6/s) usw. ausgedrückt.
Die (absolute) *Temperatur* T (in K) = t (in °C) + 273.15. Temperaturunterschiede haben daher den gleichen Wert in K wie in °C. Der *Wärmeausdehnungs-Koeffizient* α eines festen Körpers gibt die relative Längenausdehnung pro 1 K (= 1 °C) Temperaturerhöhung an, die bei Gläsern meist in der Größenordnung von einigen 10^{-6}/K liegt.

Die technische *Leistungseinheit* ist das Watt (W) bzw. kW, MW etc., die Einheit für die *Energie* daher die Wattsekunde (Ws) (auch Joule genannt) bzw. die Kilowattstunde (kWh). Da mechanische Energie (= Arbeit) als Produkt aus Kraft mal Weg definiert wird, läßt sich die *Krafteinheit* N (Newton) auch durch Ws/m ausdrücken.

Eine Kraft, die auf einen Festkörper einwirkt, erzeugt in diesem (je nach Richtung) eine *Zug-* bzw. *Druckspannung* (σ), die in N/m^2 = Pa (Pascal) gemessen wird, ebenso wie die maximal zulässige Belastbarkeit, welche ein Maß für die *Festigkeit* darstellt. Diese Einheit (vorzugsweise N/mm^2) gilt auch für den *Elastizitätsmodul* E, der die relative elastische Dehnung ε gemäß $\varepsilon = \sigma/E$ (Hookesches Gesetz) bestimmt.

Aus dem Zusammenhang zwischen Schubkraft und Geschwindigkeit einer in einer zähen Flüssigkeit (Schmelze) bewegten Platte ergibt sich für den *Zähigkeits-(Viskositäts-)Koeffizienten* η die Einheit Pascalsekunde (Pas); die alte Einheit Poise entspricht 0,1 Pas (= 1 dezi-Pas).

Strahlungsdämpfung:

Beim Durchgang von Strahlungen (Licht, Röntgenstrahlen, Elektronen usw.) durch Materie nimmt die Intensität (I) infolge Absorption bzw. Streuung i.a. nach Durchlaufen einer Strecke s auf den Wert $I_0 e^{-\beta \cdot s}$ ab. Die Materialkonstante β hat – da $\beta \cdot s$ (= $\log_e I/II_0$) eine reine Zahl ist – die Dimension m^{-1}: es ist jedoch üblich, solche logarithmische Verhältnisgrößen, die ein Maß für die Dämpfung darstellen, durch die Einheit »*Decibel*« (dB) (= 0,1 Bel) zu kennzeichnen. Meist werden die dB-Werte auf s bezogen, wobei z.B. 1 dB/km dem Wert $\beta = 2,303 \cdot 10^{-4} m^{-1}$ entspricht (vgl. S. 151).

In ähnlicher Weise werden dB in der Akustik zur Kennzeichnung der relativen Schallstärken benutzt. Da das menschliche Ohr Lautstärken (P) etwa proportional ihrem Logarithmus empfindet, hat man als Lautstärke-Pegel die Größe L – 10 $\log_{10}$ P/P_0 definiert, wobei P_0 die kleinste noch wahrnehmbare Lautstärke bei 1000 Hz ($\approx 10^{-12} W/m^2$) bedeutet. So ergibt z.B. $P/P_0 = 10^5$ den Pegel L = 50 dB. Diese Zahl entspricht zugleich der »Phon«-Zahl am Ort der Messung (vgl. S. 64).

10. Fachliteratur über Glas

H. Jebsen-Marwedel: Glas in Kultur und Technik;
Verlag Aumann KG, Selb, 1976

L. B. Klindt und W. Klein: Glas als Baustoff;
Eigenschaften, Anwendungen, Bemessung; Verlagsgesellschaft Rudolf Müller, Köln 1977

Sigurd Lohmeyer: Werkstoff Glas I; Sachgerechte Auswahl, optimaler Einsatz, Gestaltung und Pflege; Expert-Verlag GmbH, Ehningen, 2., überarbeitete Auflage

Horst Scholze: Glas – Natur; Struktur und Eigenschaften, 3. neubearb. Auflage, Springer-Verlag, Berlin

Werner Vogel: Glaschemie; Springer-Verlag, Berlin, 3. völlig überarb. u. aktual. Aufl.

Erich Schott: Beiträge zur angewandten Glasforschung; Wissenschaftliche Verlagsgesellschaft, Stuttgart 1959

Günther Nölle: Technik der Glasherstellung; Deutsch-Verlag, Thun 1979

Reiner Ehrig, Volker Herrmann: ABC Glas Rohstoffe, Verarbeitung, Bearbeitung, Erzeugnisse, Arten, Eigenschaften, Struktur; Deutscher Verlag für Grundstoffindustrie, Leipzig, 2. stark überarb. und erw. Aufl.

Sigurd Lohmeyer: Werkstoff Glas II; Expert-Verlag, Ehningen 1987

Robert H. Doremus: Glass science; Wiley-Verlag, New York, 2. Auflage

Gustav Weiß: Ullstein-Gläserbuch; e. Kultur- und Technikgeschichte d. Glases; Ullstein-Verlag, Frankfurt/M., 5. Auflage

Peter W. McMillan: Glass ceramics; Academic Pr., London; 2. Auflage

11. Stichwort-Verzeichnis

Stichwort-Verzeichnis